深艳

艺术的张爱玲

王一心 著

团结出版社

图书在版编目（CIP）数据

深艳 / 王一心著. -- 北京：团结出版社，2018.5
ISBN 978-7-5126-6126-4

Ⅰ．①深… Ⅱ．①王… Ⅲ．①张爱玲（1920-1995）—艺术评论 Ⅳ．①J052

中国版本图书馆CIP数据核字(2018)第030801号

出　　版：	团结出版社
	（北京市东城区东皇城根南街84号　邮编：100006）
电　　话：	（010）65228880　65244790　（出版社）
	（010）65238766　85113874　65133603（发行部）
	（010）65133603（邮购）
网　　址：	http://www.tjpress.com
E-mail：	zb65244790@vip.163.com
	fx65133603@163.com（发行部邮购）
经　　销：	全国新华书店
印　　装：	三河市东方印刷有限公司

开　本：	160mm×230mm　　16开
印　张：	12.5
字　数：	132千字
印　数：	4045
版　次：	2018年5月　第1版
印　次：	2018年5月　第1次印刷
书　号：	978-7-5126-6126-4
定　价：	49.80元

（版权所属，盗版必究）

目录

序　/ 001

001　第一章

　　世象的临摹——绘画篇

　　自幼习画缘自母亲　/ 003
　　喜欢漫画与世风有关　/ 005
　　为文字作品画插图　/ 008
　　大气磅礴与狭窄趣味　/ 010
　　高更永远不再　/ 014
　　日本浮世绘　/ 020
　　从圣母神情中发现人性　/ 031
　　微笑中寻找微妙　/ 034
　　塞尚话多　/ 037
　　颜色过敏　/ 053

061　第二章

　　银灯的诱惑——电影篇

　　电影使人早熟　/ 063
　　学生时代痴迷电影　/ 064
　　写作生涯始于影评　/ 069
　　小说"借银灯"　/ 076
　　电影编剧　/ 080
　　编导之恋无果　/ 088

099 第三章
感情的公式——戏剧篇

京剧兴趣盎然 /101
别具只眼 /105
外行看门道 /111
洋花栽入中国土里 /117
理性看待下里巴人 /119
偏爱萧伯纳 /121

127 第四章
水样的悲哀——音乐篇

因为懂得，所以不喜欢 /129
音符在跳舞 /136

147 第五章
肢体的流动——舞蹈篇

认识舞蹈从交谊舞开始 /149
从民族性看舞蹈 /151

159 第六章
身携的戏剧——服饰篇

奇装炫人 /161
恋衣与识衣 /168
受许地山影响 /171

177 第七章
　　生命的碎壳——摄影篇
　　弄姿　/ 179
　　对照人生　/ 181

序

书名"深艳"一词取自张爱玲笔下，出处见于《谈跳舞》。张爱玲谈及外国老派的交际舞，称许其"有深艳的情感"。这个词似乎又是张爱玲所造，颇有意思。这是张爱玲对艺术——不仅是舞蹈——某种特点的独特感受。

一个人的艺术气质，来源于他对艺术的感受。文艺不分家，本来"文"似乎更是被包括在"艺"之中的。所以一个作家，多多少少，总该会有些艺术气质罢，可是像张爱玲，艺术到那种程度，艺术到那样显著，是也不多见。可以说，艺术素养是张爱玲最典型的特征，也是她最与众不同处。所以尽管早自与胡兰成一起时，一直到当代，有许多人因爱之慕之而欲学之，可是总学不到精髓。我想他们的问题，可能出在学习的方法上。假如他们先不急于从张氏笔法语气、遣词用句上照葫芦画瓢，而是沿着张爱玲成长的脚印亦步亦趋，学张爱玲当年之所学，会张爱玲之所会，比如画也能勾几笔，琴也能弹几曲；再由张爱玲的情趣入手，细心体会她的趣味，爱她之所爱，懂她之所懂，比如"七月巧云"也去看看，人吹风笛也去听听；继而熟悉她的习惯，感受她的情调，比如微风中的藤椅上也去摇摇，西式点心店里也去坐坐，在家里也试着用精致的碟盏像调养八哥一样对待自己；接着尝试用她的眼光打量远近事物，洞悉她举一反三的手法，最终获得她的悟性……如此潜心研习，或许有修成正果的一天。

已经不少年了，张爱玲的名字高频率地被众人提起。这对早就渴望出名的张爱玲来说，当然近乎求仁得仁。但是张爱玲对出名似乎也不免有所担心，早在《更衣记》里就有言在先："任是铁铮铮的名字，挂在千万人的嘴唇上，也在呼吸的水蒸汽里生了锈。"这句话不仅意味深长，也可以说是意味深艳。

作者

第一章

世象的临摹

绘画篇

生命也是这样的吧——它有它的图案,我们惟有临摹。——张爱玲《〈传奇〉再版的话》

自幼习画缘自母亲

对张爱玲略有了解的人都知道她画得一手好画，对张爱玲稍有兴趣的人无不对她的画印象深刻，但是张爱玲画画究竟学自何时，抑或不学自会；学自何师，抑或无师自通，迄今尚无人明确告诉我们答案，好在张爱玲的作品里以及别人的回忆文章中有点滴或片段的透露。

张爱玲在《私语》里写道，8岁时，随父亲从天津回到上海，不久母亲从国外归来，把父亲送到医院去戒毒，他们"搬到一所花园洋房里，有狗，有花，有童话书，家里陡然添了许多蕴藉华美的亲戚朋友"。张爱玲快乐极了，"在狼皮褥子上滚来滚去"。她还"写信给天津的一个玩伴，描写我们的新屋，写了三张信纸，还画了图样"。

她在《天才梦》里也写道：

> 八岁那年，我尝试过一篇类似乌托邦的小说，题名《快乐村》。快乐村人是一好战的高原民族，因征服苗人有功，蒙中国皇帝特许，免征赋税，并予自治权。所以快乐村是一个与外界隔绝的大家庭，自耕自织，保存着部落时代的活泼文化。
>
> 我特地将半打练习簿缝在一起，预期一本洋洋大作，然而不久我就对这伟大的题材失去了兴趣。现在我仍旧保存着我所绘的插画多帧，介绍这种理想社会的服务、建筑、室内装修，包括图书馆、"演武

厅"、巧克力店、屋顶花园。

都是8岁。

成年后的张爱玲公布了她9岁时为向《新闻报》附刊投稿写给编辑的一封信,其中写道:"……我常常喜欢画画子,可是不像你们报上那天登的孙中山的儿子那一流的画子,是娃娃古装的人,喜欢填颜色……"在《对照记》里,张爱玲对她小时候的一张相片作这样的诠释:

> 面团团的,我自己都不认识了。但是不是我又是谁呢?……我记得的那件衣服是淡蓝色薄绸,印着一蓬蓬白雾。T字形白绸领,穿着有点傻头傻脑的,我并不怎么喜欢,只感到亲切。随又记起那天我非常高兴,看见我母亲替这张照片着色。一张小书桌迎亮搁在装着玻璃窗的狭窄的小洋台上,北国的阴天下午,仍旧相当幽暗。我站在旁边看着,杂乱的桌面上有黑铁水彩画颜料盒,细瘦的黑铁管毛笔,一杯水。她把我的嘴唇画成薄薄的红唇,衣服也改填最鲜艳的蓝绿色。

那是她的家在天津时期,她是两岁的时候从上海搬到北方去的,而母亲是在她三四岁的时候出国的。据此可以说,张爱玲习画的兴趣来自母亲,换句话说,母亲是她绘画的第一位老师,而时期就在她3岁左右。她8岁回到上海,不久母亲自国外归来,那时期母亲还对女儿画画不时指导:"我母亲还告诉我画图的背景最得避忌红色,背景看上去应当有相当的距离,红的背景总觉得近在眼前……"

张爱玲的母亲有心将女儿往洋式淑女方面培养,而如张爱玲在《银宫就学记》里所说:"西洋美术在中国始终是有钱人消闲的玩艺儿。"鼓励女儿习画当然就再自然不过了。

后来以写作赢得大名声的张爱玲,谁能想到,最初获取的稿费,却不是来自她的"字",而是她的画:"生平第一次赚钱,是在中学时代,画了一张漫画投到英文《大美晚报》上,报馆里给了我五块钱,我立刻去买了一支小号的丹琪唇膏。我母亲怪我不把那张钞票留着做个纪念……"

中学时期的张爱玲,对绘画的兴趣有增无减。她的中学老师回忆道:"她在教室里总是坐在末一排,不听讲,手里的铅笔则不停地在纸上划着,仿佛是很用心地记笔记的样子,可是实在她在画教师的速写样。"弟弟则回忆姐姐道:"还有一次寒假,她仿照当时报纸副刊的形式,自己裁纸和写作,编写了一张以我家的一些杂事作内容的副刊,还配上了一些插图。"而且当时张爱玲的画技已经相当娴熟,她发表在圣玛丽亚校刊《凤藻》上的插图可资佐证。

喜欢漫画与世风有关

20世纪40年代初,在香港大学求学的张爱玲,在战争的刺激下,画了不少画,大多是市井图:有斗鸡眼突出得像两只水龙头、脾气暴躁的二房东太太；有头颈如同电吹风的少奶奶；还有蹲着的露出红丝袜的尽头与吊袜带的病妓……

小说是变形的人生，张爱玲自小又生在一个不健康的家庭里，世象人情在她的心目中多是阴暗的、变态的，不知是不是这个原因，"生来是一个写小说的人"的张爱玲走了一条漫画的道路。

张爱玲画漫画的另一个原因可能是社会环境的诱导。当时的上海，商品社会的一些特征已经较为明显，文化舶来品并不罕见，除了漫画书、卡通影片外，常以漫画为表现形式的广告影画更是随见于报刊媒体、商店橱窗，而张爱玲对它们，除了具有一般女孩通常的兴趣外，还多一道艺术的眼光，这使得她的观感与心得也较之他人多一些。在她的小说与散文里，就不时提及漫画。

《茉莉香片》中，聂传庆在公共汽车上邂逅了班上的女同学言丹朱。张爱玲这样描绘言丹朱：

> 大约是刚洗了头发，还没干，正中挑了一条路子，电烫的发梢不很鬈了，直直地披了下来，像美国漫画里的红印度小孩。

《花凋》中对郑川嫦父亲的描写：

> 郑先生长得像广告画上喝乐口福抽香烟的标准上海青年绅士，圆脸，眉目开展，嘴角向上兜兜着，穿上短裤子就变了吃婴儿药片的小男

孩,加上两撇八字须就代表了即时进补的老太爷,胡子一白就可以权充圣诞老人。

《桂花蒸·阿小悲秋》对广告画的描写:"墙上用窄银框子镶着洋酒的广告,暗影里横着个红头发白身子,长大得可惊的裸体美女,题着'一城里最好的'。……这美女一手撑在看不见的家具上,姿势不大舒服,硬硬地支拄着一身骨骼,那是冰棒似的,上面凝冻着冰肌。她斜着身子,显出尖翘翘的圆大乳房,夸张的细腰,股部窄窄的;赤着脚但竭力踮着脚尖仿佛踏在高跟鞋上。短而方的'孩儿面',一双棕色大眼睛愣愣地望着画外的人,不乐也不淫,好像小孩子穿了新衣拍照,甚至于也没有自傲的意思;她把精致的乳房大腿蓬头发全副披挂齐整,如同时装模特儿把店里的衣服穿给顾客看。"

《创世纪》里瀠珠站在橱窗前:"忽然发现,橱窗里彩纸络住的一张广告,是花柳圣药的广告,剪出一个女人,笑嘻嘻穿着游泳衣。"

《中国的日夜》写一个挑担卖橘子的人:"完全像 SAPAJOU 漫画里的中国人。外国人画出的中国人总是乐天的,狡猾可爱的苦哈哈,使人乐于给他骗两个钱去的。"

《续集·自序》:"记得一幅漫画以青草地来譬喻嘉宝……"

在张爱玲其他一些作品中,虽然言未及漫画二字,但她的描写手法实际上是漫画的,比如小说《留情》中对米晶尧的描写:"米先生除了戴眼镜这一项,整个的像个婴孩,小鼻子小眼睛的,仿佛不大能决定他是不是应当要哭。身上穿的西装,倒是腰板笔直,就像打了包的婴孩,也是直挺挺的。敦凤向米先生很快地睃了一眼,旋过头去。他连头带脸光光的,很齐整,像个三号配给面粉制的高桩馒头,郑重托在衬衫领上。"《连环套》中对米耳的描写:"米耳先生哈哈大笑起来,架着鼻子的黄胡子向上一耸一耸,差点儿把鼻子掀到脑后去了。从此也就忘了翻白眼,和颜悦色的向梅腊妮道……"

散文《公寓生活记趣》中那一对有着同样木渣渣的黄脸与木渣渣的黄膝盖的看门巡警,富于想象力的从高楼的窗户向下张望而可能晕倒的蚊子,以及不时要发怒的肝火旺的热水管道,乃至通篇无不是漫画的笔调。

为文字作品画插图

除了行文及字里行间运用画笔的笔法,张爱玲还时而直接在文字作品中自绘插图。她的散文集《流言》中就收了不少插图,大多是在香港读书时的作品,有人奇怪她何以将许多不同类型的人画在一张纸上,其实原因很简单,战争环境下难以从容备纸,不过这样倒又参差地构成别有趣味的组画了。

张爱玲在上海的一个综合性英文月刊《二十世纪》上发表的《中国人的

生活与时尚》，配了她手绘的 12 幅插图。

此外，张爱玲在她陆续发表的作品里，也都不时可以见到她画的插图。如短篇小说《心经》《琉璃瓦》《年青的时候》；中篇小说《金锁记》《红玫瑰与白玫瑰》等；散文集《流言》不仅内有她的插图，连封面用图都是她绘制的；苏青办的杂志《天地》，自第 11 期至第 14 期的封面也是张爱玲设计的，画面上方以几片云代表天，以一尊佛或许是肥硕的唐代仕女的仰姿侧面头像代表峦（大地），以与刊名契合。

苏青《天地》杂志封面

张爱玲与苏青还经常搞一搞图文"双璧"。《天地》第七八期合刊《生育问题特辑》中，苏青写了一篇《救救孩子!》，文首即配有张爱玲画的一帧画：一个两岁左右的小胖囡，一边一只羊角辫支楞着，一脸的担惊受怕的表情，一只小手扒在栏杆上，上嘴唇也搁在栏杆上，非常勾人怜悯之心。《天地》的副刊《小天地》的创刊号上，有苏青的连载《女像陈列所》，也有张爱玲配的插图。

八百年前，大诗人陆游教人如何学做诗，说"功夫在诗外"。这句话流传至今，被人们广泛引用。也有人据其意作无休止类推：功夫在画外，功夫在字外……但少有例外，所有的"功夫"几乎都是单指学习者，而不指赏析者、评论者。除了喜欢画画，张爱玲也喜欢读画，而她的读法与人不同，她的观点每每红杏出墙，挂着画的墙，她的眼光在画外。她的眼光不是艺术专业的，而是社会学的。

大气磅礴与狭窄趣味

张爱玲在《自己的文章》里写道："Michelangelo 的一个未完工的石像，题名'黎明'的，只是一个粗糙的人形，面目都不清楚，却正是大气磅礴的，象征一个将要到的新时代。倘若现在也有那样的作品，自然是使人神往的，可是没有，也不能有，因为人们还不能挣脱时代的梦魇。"

Michelangelo 即米开朗基罗，16 世纪意大利文艺复兴三杰之一，杰出的画家、雕塑家，也是卓越的建筑师和诗人。米开朗基罗有件雕塑作品，名字一般汉译为"晨"，也有译为"黎明"的，但它是一件已经完成的作品，面目是清楚的，故而与张爱玲所说的有差异。胡兰成在《今生今世·民国女子》里提到他与张爱玲说此画的情景："我与她同看西洋画册子，拉斐尔与达文西的作品，她只一页一页的翻翻过，翻到米开朗基罗雕刻的人像'黎明'，她停了细看一回，她道：'这很大气，是未完工的。'"似乎可以作为张爱玲所指确为米开朗基罗的"黎明"的佐证，其实未必，因为胡兰成的印象可能来自于读《自己的文章》，而不是当初与张爱玲共读的画。

晨　1524—1531 年　大理石　佛罗伦萨美第奇教堂罗伦佐陵墓

米开朗基罗的确有几件雕刻作品，是未完工的，人形粗糙，面目也不清楚，可是没有命名。

张爱玲在《"卷首玉照"及其他》一文中写道："十九世纪有一种Pre—Raphaelite画派，追溯到拉斐尔之前的宗教画，作风写实，可是画中人尽管长裙贴地，总有一种奇异的往上浮的感觉。这错觉是怎样造成的，是他们独得之秘。这一流的画虽然评价不高，还是有它狭窄的趣味的。"

张爱玲所说的画派Pre—Raphaelite，即拉斐尔前派。拉斐尔前派是19世纪中叶产生于英国的一个绘画流派，主张继承和发展意大利文艺复兴时期拉斐尔及其以前画家的艺术传统。

拉斐尔前派虽然曾因创作思想与社会不合而遭指责，也曾因有的画家的作品寓意太过艰深，公开展出时遭到社会的非议，但它对之后的英国现实主义绘画实则产生过广泛的影响。这似乎表明其趣味虽然"狭窄"，却不乏知音。

神秘的浪漫主义是拉斐尔前派的特点之一，张爱玲从身着曳地长裙的画中人物上浮的视觉感受中体会到了这种神秘。

道德的觉醒　亨特（拉斐尔前派画家）
1853年　油画　利物浦美术画廊藏

花神　艾弗林·德·摩根
（拉斐尔前派画家）油画

四月之爱　阿瑟·休斯（拉斐尔前派画家）　1856年伦敦泰特画廊藏

冈妮芙皇后　威廉·莫里斯（拉斐尔前派画家）　1858年　油画　伦敦泰特画廊藏

第一章　世象的临摹——绘画篇　　013

高更永远不再

张爱玲在《忘不了的画》的开头,花了不少笔墨在说一幅画,因为那幅画是在所有给她留下深刻印象的画中唯一的一幅名画,这幅画她看得很细:

> 有些图画是我永远忘不了的,其中只有一张是名画,果庚的《永远不再》。一个夏威夷女人裸体躺在沙发上,静静听着门外的一男一女一路说着话走过去。门外的玫瑰红的夕照里的春天,雾一般地往上喷,有升华的感觉,而对于这健壮的,至多不过三十来岁的女人,一切都完了。女人的脸大而粗俗,单眼皮,她一手托腮,把眼睛推上去,成了吊梢眼,也有一种横泼的风情,在上海的小家妇女中时常可以看到的,于我们颇为熟悉。身子是木头的金棕色。棕黑的沙

永远不再　1897年　伦敦寇德中心画廊藏

发，却画得像古铜，沙发套子上现出青白的小花，罗甸样地半透明。嵌在暗铜背景里的户外天气则是彩色玻璃，蓝天，红蓝的树，情侣，石栏杆上站着童话里的稚拙的大鸟。玻璃，铜，与木，三种不同的质地似乎包括了人手扪得到的世界的全部，而这是切实的，像这女人。想必她曾经结结实实恋爱过，现在呢，"永远不再了"。虽然她睡的是文明的沙发，枕的是柠檬黄花布的荷叶边枕头，这里面有一种最原始的悲怆。不像在我们的社会里，年纪大一点的女人，如果与情爱无缘了还要想到爱，一定要碰到无数小小的不如意，龌龊的刺恼，把自尊心弄得千疮百孔，她这里的却是没有一点渣滓的悲哀，因为明净，是心平气和的，那木木的棕黄脸上还带着点不相干的微笑。仿佛有面镜子把户外的阳光迷离地反映到脸上来，一晃一晃。

"果庚"就是我们现在通译的"高更"，法国画家，后期印象派的代表人物之一，他的艺术对后来法国的象征派和野兽派有较大影响。1889年，万国博览会在巴黎开幕，这使高更非常兴奋，他对殖民馆中展示的各种生活方式充满了兴趣，他被异国风情深深迷住了。他对朋友称自己对那些异国那乡的"未知世界"充满了"可怕渴望"。他对他的画家朋友贝尔纳说起该年冬天的计划，他说他想到越南和中国海南岛之间的北部湾去居住。

后来高更不断改变计划，最终他去了南太平洋上的法国殖民地塔希提岛。他说："在这土著人的天堂里，追寻到了我心中的太阳，实现了我的艺术梦想。"他创作了不少以岛上风土人情为题材或背景的作品，《永远不再》就是其中一幅佳作。

高更的研究家、法国博物馆名誉馆长弗朗索索瓦丝·加香评论道："这幅画真正画出了高更理想中的原始美女。她的肉体代表他自觉快要走到尽头的生命。"

画中与画外死亡的气息，高更在写给友人蒙弗雷的信中也表露无遗："我正努力完成一幅画，好跟其他画一起寄去，但不知还有没有时间……我试着通过裸体来暗示久远以前的某种野蛮奢华。我特意让沉重和悲哀的色彩弥漫整幅画面。"他又写道："《永远不再》这个画名，指的不是爱伦·坡的乌鸦，而是负责看守的恶魔之鸟。"

埃德加·爱伦·坡是19世纪美国最著名的诗人之一，被誉为唯美主义的先驱，桂冠还有科幻小说及侦探推理小说的鼻祖、短篇小说理论的创立者等。爱伦·坡在构思《乌鸦》时，创作的意图就十分明确。他认为，死亡是悲哀的主题的极点，而当死亡与美结合得最紧密的时候最富诗意，美女之死无疑是天下最富诗意的主题，而最适合讲这个主题的人就是一个痛失佳人的多情男子。于是《乌鸦》就以叙事诗的形式，以第一人称来叙述事情的经过，同时抒发内心的感情。而与那位多情男子的对话者，就是一只乌鸦。

那是一个凄凉的深夜，寂寥的"我"想用读书转移失去心爱的姑娘莱诺的痛苦，可是那些枯燥的图书却使"我"昏昏欲睡。隐约间，传来一阵叩门声，"我"打开门，门外除了黑暗什么也没有。声音又好像从窗棂传来，"我"打开窗户，一只乌鸦飞了进来，停在房门上方一尊帕拉斯雕像的上面。"我"猜想乌鸦的来历，询问它的名字，乌鸦却答非所问地叫一声"Nevermore";"我"向乌鸦诉说内心的苦闷,希望上帝送来解忧良药,或是灵魂能在遥远的仙境与美丽的莱诺拥抱,乌鸦一律只一句"Nevermore";"我"恼羞成怒,要赶乌鸦出门,可乌鸦动也不动,仍只机械地重复那一句"Nevermore"。

高更画的原名为"Nevermore",张爱玲译为或她所见的译本译为"永远不再",其实这个单词与"永远不再"并不完全对应。它在不同的语境下,语意可有一定的差别。在《乌鸦》的诗里,乌鸦的话,除了可译作"永远不再"外,有时还可译作"永不再现""永无指望""永不可能"等。

高更的《永远不再》,主旨与意趣都与爱伦·坡的《乌鸦》太相近,而且画面的窗台上竟也站着一只鸟,难怪人们对此画与彼诗产生联想。尽管高更说他的"恶魔之鸟"不是"乌鸦",客观上显然难以完全否认掉彼此的联系,爱伦·坡诗中的"我"也是称乌鸦为恶魔的。

再从爱伦·坡作诗与高更作画当时各自所处的境况来看,前者夫妻关系不睦,家庭因生活拮据而反复搬迁,妻子患肺病而缺钱医治;后者则先是生病付不起住院费,继而爱女阿林以20岁的妙龄死于肺炎(据说高更此画即为纪念死去的女儿阿林而作),半年后他在一座山丘上服下大量砒霜自杀,却因呕吐而未死成。由此看来,两人创作该诗画时阴郁灰黯的心情是相近的,主题相仿也就不奇怪了。

张爱玲对《永远不再》的诠释明显打着"张氏风格"的印记,那么细致、具体、真实,并且与上海的妇女相结合,但是否脱离了高更的主题和含义,却又难说。因为《永远不再》原是高更为纪念他死去的女儿阿林而作,他的本意在"伤"逝去的生命,张爱玲理解的"伤"则是逝去的爱情,虽然相同的都是"伤逝"。

高更在写给蒙弗雷的信中说该画名叫"永远不再·啊·塔希提",而今日一般的画册上都写着画名为"永远不再"。画名不同的原因也许是高更改变了主意,也许是画册的版本问题。张爱玲看到的画册应是"永远不再"。

关于塔希提,张爱玲在《谈看书》一文中提及,她把它译作"塔喜提"。她读到人种学家瑟格斯所著的《泡丽尼夏的岛屿文化》一书,夏威夷、塔希提等群岛统称泡丽尼夏。书中说岛上的居民来自华南、广州、海南岛一带,因为汉族在黄河流域势力膨胀,较落后的民族被迫往南迁。虽然夏威夷人究竟是来自亚洲还是西太平洋尚难断定,但夏威夷人的祖先是华侨的可能性引起了张爱玲的兴趣——高更笔下的那位横卧着的塔希提模特儿,是华侨的后裔也并非完全不可能,上海小家妇女吊梢眼的"横泼的风情"也似乎有源可循了。

高更在1889年年底画了一幅自画像,题为"戏笔的自画像"。他用象征天国的红色作背景,把自己的身体涂成明亮的柠檬黄,他的表情带着嘲讽,头上则悬着一道黄色的常见于圣母圣子头上的光环,以此把自己比作圣人。他右手的食指与中指间,夹着一条常见于僧侣手上的小蛇,如此似又把自己比作先知。

这使人想起张爱玲 1937 年发表在圣玛丽亚校刊《凤藻》上的插图。画中所有的人物头脸用的是相片，身子是画的。这就像是命题作文——须根据已固定了的长相及表情来设计姿态和动作。看它们的搭配的确饶有情趣，同时也显示出作者巧妙的构思，以及灵巧的画笔。这些都是张爱玲的同学们，而她自己也在其中。虽然不在正中处，所处却也是重要位置，而那个位置——画面的左上角——似乎是张爱玲偏爱的地方。她的另一幅同学合影，她也

高更戏笔自画像　1889 年　华盛顿国家博物馆藏

是站在那个位置的。当然这也可以理解为只因在这幅画中，张爱玲所充当的角色与她的同学们不同。关键是，她用浓黑的英文为自己织就了一圈花环，写着："PROPHECIES of a FORTUNETELLER"，意为"一个算命者的预言"，预言她的同学们的未来。

由此似乎表明张爱玲与高更有相近的自视与自诩。

日本浮世绘

胡兰成在《今生今世》里提到他曾从池田那里借了日本的浮世绘与张爱玲同看。张爱玲在《忘不了的画》中谈到日本的浮世绘：

> 日本美女画中有著名的《青楼十二时》，画出艺妓每天二十四个钟点内的生活。这里的画家的态度很难得到我们的了解，那倍异的尊重与郑重。中国的确也有苏小妹、董小宛之流，从粉头群里跳出来，自处甚高，但是在中国这是个性的突出，而在日本就成了一种制度——在日本，什么都会成为一种制度的。艺妓是循规蹈矩训练出来的大众情人，最轻飘的小动作里也有传统习惯的重量，没有半点游移。《青楼十二时》里我只记得丑时的一张，深宵的女人换上家用的木屐，一只手捉住胸前的轻花衣服，防它滑下肩来，一只手握着一炷香，香头飘出细细的烟。有丫头蹲在一边伺候着，画得比她小许多。她立在那里，像是太高，低垂的颈子太细，太长，还没踏到木屐上的小白脚又小得不适合，然而她确实知道她是被爱着的，虽然那时候只有她一个人在那里。因为心定，夜显得更静了，也更悠久。

浮世绘（ukiyoe）是始自17世纪中叶，在日本流行了两百多年的一个画种，从它诞生于市井艺术家之手就表明它的旨趣是入世的、世俗的。单看它字面上的意思也相去不远，描绘的是浮生世象。浮世绘在手法上分为水印木版画与画家手绘两种，从画风中可以看出它所受中国唐代以来工笔兼小写意的仕女画、中国风俗画的影响，但浮世绘的题材内容形象又是典型的日本风格。可能正是这个原因，至少是原因之一，浮世绘不仅在盛行的当时，深受人们喜爱，而且在衰亡之后，一直到现在，致使它衰亡的地域之外的人们对它的喜爱逾数世纪而热情不减，世界各大博物馆对浮世绘作品多有收藏。

浮世绘多以现实生活中的美人、艺伎、妓女、儿童、风景、花鸟、虫草及动植物等为题材，其中以美人和艺伎为浮世绘两大主题，被称作浮世绘"中兴始祖""一代宗师"的浮世绘画家喜多川歌麿（Utamaro Kitagawa，1754—1806）就以擅长美人肖像著称，他在多彩版画、画本、手绘画方面留下了许多杰作，《青楼十二时》就是其中之一。

《青楼十二时》共有12幅，每个时辰（两个小时）一幅，如张爱玲所说，"画出艺妓每天二十四个钟点内的生活。"

显然张爱玲是赏画过后凭印象撰文的，所以不免记忆有错。说是丑时没错，女子换木屐以及小白脚小得不适合；一只手握着一炷香，香头飘出细细的烟；女人似乎个子太高、颈子太细太长大多没错，错的是人物的另一只手，并没有"捉住胸前的轻花衣服，防它滑下肩来"，而是捏着几张手纸；她的身旁，也没"有丫头蹲在一边伺候着"。

画中人物那样的宽衣大袖，想来无论是瘦削或圆润的美人肩，都会撑挂不住的，一不留神就要滑下肩来，于是用手去"捉"。可这是张爱玲的

子时

丑时

寅时

午时

未时

申时

卯时

辰时

巳时

酉时

戌时

亥时

第一章　世象的临摹——绘画篇

想象。丑时正要如厕的这位女子的衣襟虽然不算平整,却也没有将要滑落的迹象。《青楼十二时》里,12幅图中,并没有防止衣裳滑下肩头的画面,倒是有两幅露肩像,一张是"辰时",一张是"巳时"。前者画的是女子正在起床,刚从被窝里钻出来,侧起身子时,半边衣襟敞开,不仅露出肩头,酥胸也半露了。后者画的是晚起的女子正由丫头侍候着洗漱,右手忙着用手巾擦脸,不意左肩的衣衫滑下。

《青楼十二时》里,除了"巳时"的这一幅外,还有"子时""未时""酉时""戌时""亥时"等,都是"有丫头蹲在一边伺候着"的,而且画家显然为了使人物主次分明、身份分明,丫头一般都画得小一些、矮一些,要么或蹲或跪屈着身体。

大浴女　1898—1905年　费城美术馆藏

综合衣裳溜肩与丫头侍候的画面，看来还是"巳时"最接近张爱玲与"丑时"弄混的画。

由《青楼十二时》，张爱玲觉得日本画家是把"妓女来理想化了"，其原因，她认为"是日本人对于训练的重视，而艺妓，因为训练得格外彻底，所以格外接近女性的美善的标准"。否则很难理解日本小说家谷崎润一郎在《神与人之间》里为什么以艺妓来代表圣洁的圣母。

四大名旦之一的尚小云在《新玉堂春》中饰苏三

张爱玲的诠释却没有得到日本学者的认同。张爱玲觉得费解的，日本学者却认为道理很简单，池上贞子说：那位艺妓之所以被作为圣母，是因为她"虽然原来出身艺妓，却恪守妇德十分圣洁"的缘故。张爱玲在此纯粹是想得过深，这才影响了自己的判断。她若用自己在那半年前写的《洋人看京戏及其他》一文中对京剧《玉堂春》中妓女的理解，来理解《神与人之间》中的艺妓，就没有问题了，她写道：

> 《玉堂春》代表中国流行着的无数的关于有德性的妓女的故事。良善的妓女是多数人的理想夫人。既然她仗着她的容貌来谋生，可见她一定是美的，美之外又加上了道德。

梅兰芳饰苏三在《玉堂春》中著名的跪唱

《玉堂春》在京剧史上地位不同寻常,它不仅是京剧旦角的开蒙戏,也是中国戏曲中流传最广的剧目之一。故事见于冯梦龙编订的《警世通言》卷24《玉堂春落难逢夫》,《情史》卷2中亦有此事。剧情为:

> 明朝名妓苏三(艺名玉堂春)与前吏部尚书之子王金龙春风一度,动了真情。王金龙将钱财挥用尽后,被老鸨赶出妓院。老鸨把苏三骗卖给山西富商沈燕林作妾。沈妻皮氏好妒,用姘夫赵昂买的毒药下在挂面里,想要毒死苏三,不料却毒死了沈燕林,即与赵昂合谋嫁祸苏三。苏三被押官府,屈打成招,被解到省府太原再审,在大堂上巧遇时已做了八府巡按的王金龙。于是案情大白,皮氏与赵昂被斩,苏三冤曲得伸,有情人终结连理。

苏三的"良善"或者说"道德",表现在当王公子最初在妓院挥霍无度时,她就曾劝他银子不要"混花";当王公子千金撒尽时,苏三也并未脸色随之而变,而与他仍旧恩爱不改,后更以私房钱赠与落魄潦倒的王公子,鼓励他发奋读书,这才救了对方也救了自己。

张爱玲在《忘不了的画》里又谈到另一幅根据民间故事创作的日本画《山姥与金太郎》:

梅兰芳在《苏三起解》中饰苏三与饰崇公道的萧长华(左)

……我也比较喜欢日本画里的《山姥与金太郎》,大约是民间传说,不清楚两人是否母子关系,金太郎也许是个英雄,被山灵抚养长大的。山姥披着一头乱蓬蓬的黑发,丰肥的长脸,眼睛是妖淫的,又带着点潇潇的笑,像是想得很远很远;她把头低着,头发横飞出去,就像有狂风把漫山遍野的树木吹得往一边倒。也许因为倾侧的姿势,她的乳在颈项底下就开始了,长长地下垂,是所谓"口袋奶",蟹壳脸的小孩金太郎偎在她胸脯上,圆睁怪眼,有时候也顽皮地用手去捻她的乳头,而她只是不介意地潇潇笑着,一手执着描了花的博浪鼓逗着他,眼色里说不出是诱惑,是卑贱,是涵容笼罩,而胸前的黄黑的小孩子强凶霸道之外,又有大智慧在生长中。这里有母子,也有男女的基本关系。因为只有一男一女,没人在旁看戏,所以是正大的，觉得一种开天辟地之初的气魄。

"太郎"在日语里是"男孩"的意思，因为日本是一个弹丸岛国，人民又渴望强大，所以无论是文学作品还是民间故事，以小胜大的主题不少，"太郎"出现的频率也就较高。金太郎是日本的民间故事《金太郎》中的主人公，据吉林大学于长敏于1996年在日本土浦市阿见中学所作的一项调查，由100名该校中学生写出自己最喜欢的5个日本民间故事，结果金太郎名列第四。因此说金太郎的故事家喻户晓应不为虚，可是奇怪的是我国国内出版的几种日本民间故事集，不约而同地都只有一个"桃太郎"的故事，而未见金太郎的故事；张爱玲对金太郎的来历居然也不清楚，所以才有"大约是民间传说"之猜，而她是与胡兰成同看这画的，胡兰成也可以向借画给他的日本人池田询问，看来对此都不很清楚。

关于金太郎身世，有的说他生于一个山民家中，有的说他母亲本是天皇的侍女，因与一名侍卫产生了私情，后来在山中生下了他。若抠起字眼来，也可以说第二种说法与第一种并不矛盾，因为生于山民之家也可以不代表他是山民之后。

金太郎孩提时就力大无比，故事之一是他把黑熊高高举起来又重重摔下，被他打败了的黑熊从此俯首贴耳听命于他，每天把他砍下的柴禾驮到他家里去；故事之二是有次山林着火，金太郎无处可逃，竟把一棵参天巨树推倒，搭在两个悬崖之间，使他和他的母亲可以从上面走到安全的对岸去。

金太郎力大无穷的"神性"的来源,也有两种说法,一是他从小与野兽生活在一起。可以设想,假如他与长臂猿一同练习攀缘,自然臂力是可以过人的;而假如他与羚羊为伍,跑跳一定是无人能及的。二是张爱玲所说,是山灵(山姥)抚养的结果。

综合来看,金太郎有两位母亲,一是生身的母亲,一是养育他的母亲(山姥)。而在所有的画作里,画的都是他与养母在一起的情景。按弗洛伊德的理论,母亲在给儿子喂奶的过程中,是有性的意味交流的,何况养母养子。所以张爱玲说:"这里有母子,也有男女的基本关系。"她真的是目光敏锐,连画中的暧昧与微妙意味都读得出来。她又觉得山姥与金太郎有"一种开天辟地之初的气魄",而果真金太郎后来当上了源赖光的武士,取名坂田公时,成为源赖光打天下的四大金刚之一。

胡兰成在《今生今世·民国女子》中写道:"我从池田处借来日本的版画、浮世绘,及塞尚①的画册,她看了喜欢。"而日本的版画是也包括浮世绘的,浮世绘中,也不止一位画家一幅作品以金太郎为题材,所以张爱玲见到的那幅《山姥与金太郎》很可能也是浮世绘作品。

浮世绘画家葛饰北斋画有《金太郎与野兽》,喜多川歌麿画的金太郎则有多幅,可是没有一幅完全符合张爱玲所描绘的

① 保罗·塞尚(1869—1906),法国画家。

喜多川歌麿山姥与金太郎

画面。最接近的一幅，虽然有"金太郎偎在她胸脯上，圆睁怪眼，有时候也顽皮地用手去捻她的乳头"，也可以说金太郎有"强凶霸道之外，又有大智慧在生长中"的表情，但是没有山姥"不介意地潇潇笑着，一手执着描了花的博浪鼓逗着他"，眼色里也似乎没有诸如"诱惑，卑贱，涵容笼罩"，而只有专注与享受，乳房也不是所谓长长地下垂的"口袋"，而是坚挺鼓胀的浑圆。尽管如此，我们由此已经差不多可以感受到张爱玲所描绘的画中人物的神情了。

张爱玲之所以喜欢《山姥与金太郎》，是因为她觉得此画面中的母与子神情自然，真实地存在于天伦之中。而欧洲诸国的圣母画则不然，张爱玲觉得画外总有一圈看客，使得圣母对圣子所有的动作表情都成了表演："有时候他身上覆了轻纱，母亲揭开纱，像是卖弄地揭开了贵重礼物的盒盖。有时候她也逗着他玩，或是温柔地凝视着怀中的他，可是旁边总仿佛有无数眼睁睁的看戏的。"而圣母之所以做戏，张爱玲认为除了"当众"的缘故外，还与圣母平凡的出身有关：她因平凡而被推为皇后，所以不禁要保持平凡，于是要做戏了。

拿着念珠的老妪　塞尚　1895—1896年　伦敦国家艺术画廊

显然张爱玲对"浮世绘"这个词颇有感觉，20世纪60年代她将《十八春》改写时，在取名"半生缘"之前，曾考虑用"浮世绘"作题名，后因觉得不大切题而放弃。

张爱玲对于日本人及日本国、日本社会的了解可能还在了解日本艺术之前，于是她从日本人、日本国、日本社会的视角来体会日本绘画艺术的特色，并作两相映证。她在《谈跳舞》中有这样一段：

> 日本之于日本人，如同玩具盒的纸托子，挖空了地位，把小壶小兵嵌进去，该是小壶的是小壶，该是小兵的是小兵。从个人主义者的立场来看这种环境，我是不赞成的，但是事实上，把大多数人放进去都很合适，因为人到底很少例外，许多被认为例外或是自命为例外的，其实都在例内。社会生活的风格化，与机械化不同，来得自然，总有好处。由此我又想到日本风景画里点缀的人物，那决不是中国画里飘飘欲仙的渔翁或是拄杖老人，而是极家常的；过桥的妇女很可能是去接学堂里的小孩。画上的颜色也是平实深长的，蓝塘绿柳树，淡墨的天，风调雨顺的好年成，可是正因为天下太平，个个安分守己，女人出嫁，伺候丈夫孩子，梳一样的头，说一样的客气话，这里面有一种压抑，一种轻轻的哀怨，成为日本艺术的特色。

从圣母神情中发现人性

张爱玲在《忘不了的画》一文中提到意大利文艺复兴时期的著名画家拉

斐尔的《西斯廷圣母》,她这样写道:"……我又想到拉斐尔最驰名的圣母像,The Sistine Madonna 抱着孩子出现在云端,脚下有天使与下跪的圣徒。这里的圣母最可爱的一点是她的神情,介于惊骇与矜持之间,那骤然的辉煌。一个低三下四的村姑,蓦地被提拔到皇后的身份。"

西斯廷圣母　拉斐尔　1513—1514年
油画　德累斯顿国立绘画馆藏

圣母一度是西洋画家热衷的题材,许多大画家都画过,但拉斐尔的《西斯廷圣母》诚如张爱玲所言,是"最驰名的圣母像",但张爱玲打量拉斐尔圣母的眼光与他人颇有出入。比如一般评家总是说画面中的圣母有着"圣洁的目光",神情安详,充满了慈爱等等,张爱玲却说她的神情"介于惊骇与矜持之间",并且找出了原因——从卑微的村姑擢升为崇高的皇后,地位与身份的遽变,那忽然降临的辉煌所带来的。张爱玲的诠释因为依据的是人心人性,所以听来非常合情合理。

《西斯廷圣母》的模特儿是一位面包师的女儿,名叫玛格丽塔,是拉斐尔深深迷恋的情妇,拉斐尔的死也是在与她幽会后得热病造成的,而他生前也已立下遗嘱,给玛格丽塔留了一笔钱,以便让她得以维持体面的生活,可见他的痴情。张爱玲对《西斯廷圣母》的诠释,也从侧面证明了拉斐尔高明之处——他并没有因为痴迷情妇而将圣母画成玛格丽塔,否则这幅画很可能就不会如此著名了。

超写实派的梦一样的画,给我印象最深的是一张无名的作品,一个女人睡倒在沙漠里,有着埃及人的宽黄脸,细瘦玲珑的手与脚;穿着最简单的麻袋样的袍子,白地红条,四周是无垠的沙;沙上的天,虽然夜深了还是淡淡的蓝,闪着金的沙质。一只黄狮子走来闻闻她,她头边搁着乳白的瓶,想是汲水去,中途累倒了。一层沙,一层天,人身上压着大自然的重量,沉重清净的睡,一点梦也不做,而狮子咻咻地来嗅了。

张爱玲所描绘的画面,像极了(也许就是)法国画家亨利·卢梭的《睡眠中的吉普赛女郎》。在美术史上,卢梭对立体派、德国表现主义、超

睡眠中的吉普赛女郎　卢梭　1897年

现实主义的画家都有着很大的影响。看来影响的不只是画风，还有题材。

张爱玲不只从圣母的神情中发现人性，胡兰成曾说她"不喜小孩，小狗小猫她都不近，连对小天使她亦没有好感"。而他对她为何如此不明所以。张爱玲是从儿童画中观察儿童的人性的，她在《谈跳舞》中写道："……儿歌里说，'小女孩子是什么做成的？糖与香料，与一切好东西。'可是儿童世界并不完全是甜甜蜜蜜，光明玲珑，"小朋友，大家搀着手"那种空气。美国有一个革命性的美术学校，鼓励儿童自由作画，特出的作品中有一张人像，画着个烂牙齿戴眼镜的坏小孩，还有一张，画着红紫的落日的湖边，两个团头团脑的阴黑的鬼，还有一张，全是重重叠叠的小手印子，那真是可怕的。"

微笑中寻找微妙

张爱玲在《谈画》一文中，首先谈到达·芬奇[①]的名画《蒙娜·丽莎》，对于画中人物那著名的微笑，她的评价是："的确是使人略感不安的美丽恍惚的笑，像是一刻也留它不住的，即使在我努力注意之际也滑了开去，使人无缘无故觉得失望。"

对画中人那经典的微笑，历来有无数好事者不惮其烦，孜孜考证其来历，或发微彰细，甚至不乏奇思异想，其中就包括张爱玲的老师对张爱玲们

[①] 莱昂纳多·达·芬奇（1452—1519），意大利文艺复兴时期画家、自然科学家、工程师。

的解释——达·芬奇在"画这张图的时候曾经费尽心机搜罗了全世界各种罕异可爱的东西放在这女人面前,引她现出这样的笑容"。

可是张爱玲不喜欢这样的解释,她说:"绿毛龟、木乃伊的脚、机器玩具,倒不见得使人笑这样的笑。"这是她在调侃,不过表明张爱玲如果面对绿毛龟、木乃伊的脚、机器玩具,不会产生这样的笑而已,可是"蒙娜·丽莎"的笑倒未必不是产生于模特儿面对这些玩艺儿。

蒙娜·丽莎

张爱玲尤其憎恶一个"十九世纪的英国文人"——她不能确定是不是Walter de la Mare——对《蒙娜·丽莎》所作的"华美的附会":对于该画的诠释竟说到"鬼灵的智慧,深海底神秘的鱼藻"去了。

张爱玲说的这个人应是沃尔特·佩特(Walter Pater, 1839—1894),英国诗人、批评家、美学家,也有人把他誉为唯美主义大师。他对英国小说家、诗人王尔德影响很大,从唯美主义到性倒错。徐志摩对他十分敬仰,在他开给青年人的最应读的十本书中,就有一本沃尔特·佩特(他称之为"华尔德裴德")写的关于文艺复兴的专著。

佩特因《蒙娜·丽莎》而扬名，当然前提是他极大地提升了《蒙娜·丽莎》在画坛的地位以及人们对它的兴趣。他那被张爱玲斥为"华美的附会"的文字，不仅是《蒙娜·丽莎》评论的经典，更是人们津津乐"诵"的美文。

张爱玲的伯乐夏志清在为《张爱玲的小说艺术》一书所作的序言中，这样评论作者水晶："他的文评，同他的散文、书信一样总是清新可读，而且引用了不少诗词名句，说理时也尽可能多用意象，暗喻，给人一个华丽的印象。这种讲究文句的文评，当代英美批评家很少有人尝试，倒使我想起了维多利亚后期的批评家贝特 Walter Pater。"

张爱玲是个迷恋辞藻的作家，也因此招来许多同样喜爱辞藻的张迷。照理张爱玲当年也应当喜欢，至少不反感同好于此的佩特，可是显然实际正相反。

张爱玲觉得蒙娜·丽莎那笑容，可能或者说是应该在这两种情况下漾出的：

> 一个女人蓦地想到恋人的任何一个小动作，使他显得异常稚气，可爱又可怜，她突然充满了宽容，无限制地生长到自身之外去，荫庇了他的过去与将来……

> 也许她想起她的小孩今天早晨说的那句聪明的话——真是什么都懂得呢——到八月里才满四岁——就这样笑了起来，但又矜持着……

张爱玲的解释固然颇有意思，但也不过是她的臆想，而显然是文学的，不是历史的。文学与历史的区别在于，文学的东西"像"而多半不"是"，历史的东西"是"而可能不"像"。

塞尚话多

除了谈蒙娜·丽莎，张爱玲在《谈画》中大谈的是塞尚。塞尚不仅在此文中，而且在张爱玲一生所谈的画中，都是她谈的最多的一位画家。也许并不完全是张爱玲对塞尚特别偏爱，而只是因为碰巧那时间她对画有兴趣而胡兰成借了一本塞尚的画集来：

"以前虽然知道赛尚是现代画派第一个宗师，倒是对于他的徒子徒孙较感兴趣，像 Gauguin[①]，Van Gogh[②]，Matisse[③]，以至后来的 Picasso[④]，都是抓住了他的某一特点，把它发展到顶点，因此比较偏执，鲜明，引人入胜。"

张爱玲在《童言无忌·穿》里谈到市面上布料的花色不够鲜艳，她用梵·高的画的浓烈的色彩来说明："像 Van Gogh 画图，画到法国南部烈日下的向日葵，总嫌着色

[①] 保罗·高更（1848—1903），"后期印象派"法国画家。
[②] 文森特·梵·高（1852—1890），"后期印象派"荷兰画家，其艺术对野兽派和表现派有较大影响。
[③] 亨利·马蒂斯（1869—1954），法国画家。
[④] 帕保罗·毕加索（1881—1973），西班牙画家。

胡兰成书法

不够强烈,把颜色大量地堆上去,高高凸了起来,油画变了浮雕。"

这使人想起胡兰成回忆到张爱玲的家里去的:"我称赞爱玲的房间,她却说这还是她母亲出国前布置的,若她自己来布置,她爱刺激的颜色。赵匡胤形容旭日'欲出不出光辣挞,千山万山如火发'。爱玲说的刺激是像这样辣挞的光辉颜色。"

毕加索的著名画作《亚威农的少女》中右下角的那个女人,被认为是借用了塞尚《三个浴者》《三个浴女》中相同位置的人物,且整图还与塞尚的《五个浴女》相近,比如 5 个人物的位置,以及最左侧人物姿态的相似。①

① 〔美〕约翰·拉塞尔《现代艺术的意义》,中国人民大学出版社,2003 年版,上册,第 129 页。

一八六四年所作的僧侣肖像,是一个须眉浓鸷的人,白袍,白风兜,胸前垂下十字架,抱着胳膊,两只大手,手与脸的平面特别粗糙,

亚威农的少女　毕加索　1907 年　纽约现代艺术博物馆藏

隐现冰裂纹。整个的画面是单纯的灰与灰白，然而那严寒里没有凄楚，只有最基本的，人与风雹山河的苦斗。

这幅画原名叫《神父打扮的多米尼克伯父》，是塞尚年轻时的代表作，那时他28岁——与张爱玲记述的略有出入。这幅画笔触浓重，质感与量感十足，尤其是脸部的描绘，充满了激情，并具有韧力。那正是塞尚情感表现欲旺盛的时期，被称作他的"浪漫时代"。

《散步的人》，一个高些，戴着绅士气的高帽子，一个矮些的比较像武人，头戴卷檐大毡帽，脚踏长筒皮靴，手扶司的克。那炎热的下午，草与树与淡色的房子蒸成一片雪亮的烟，两个散步的人衬衫里焖着一重重新的旧的汗味，但仍然领结打得齐齐整整，手挽着手，茫然地，好脾气地向我们走来，显得非常之楚楚可怜。

神父打扮的多米尼克伯父　塞尚　1866年　油画　纽约私人藏

这幅画题名直译应为《马瑞恩与委拉布瑞·迪帕亭》，作于1866年，帆布油画，私人收藏。

《牧歌》是水边的一群男女，蹲着，躺着，坐着，白的肉与白的衣衫，音乐一般地流过去，低回作U字形。转角上的一个双臂上伸，托住自己颈项的裸体女人，周身的肉都波动着，整个的画面有异光的宕漾。

题名《奥林匹亚》的一幅，想必是取材于希腊的神话。我不大懂，只喜欢中央的女像，那女人缩作一团睡着，那样肥大臃肿的腿股，然而仍旧看得出来她是年轻坚实的。

塞尚至少画过三幅"奥林匹亚"，有两幅题为"现代奥林匹亚"，均为油画；一幅为"奥林匹亚"，系水彩画。但水彩画的《奥林匹亚》显然不是张爱玲描述的那幅，但也不知道张爱玲所见到的《现代奥林匹亚》究竟是两幅中的哪一幅。

塞尚的《现代奥林匹亚》显然由马奈的《奥林匹亚》触及灵感，而在画面上增加了戏剧性——前景有位男士正在悠然欣赏床上的女子，女子上方的女仆极富动感地正揭去女子身上的薄纱，好让男子一睹为快。有人说那男士是嫖客，那么女子是妓女了。而这位男士无论是秃着头的那幅，还是裹着阿拉伯人似的头巾的那幅，都很像是塞尚本人。难怪作《印象派绘画史》的美国学者约翰·雷华德说它"似乎是把马奈的画游戏化了的作品"。

马奈《奥林匹亚》中的黑人女仆的肤色被画得很黑，她的脸几乎与深色的背景融为一体，只有两只眼睛的眼白闪着一点星光。床脚有一只同样黑得只剩下眼白的猫，据评论家说这只猫暗示着男女性乱，而塞尚《现代奥林匹亚》中的男士脚前有只巴儿狗，狗脖上系着一条红巾，则据说暗示的是堕落。

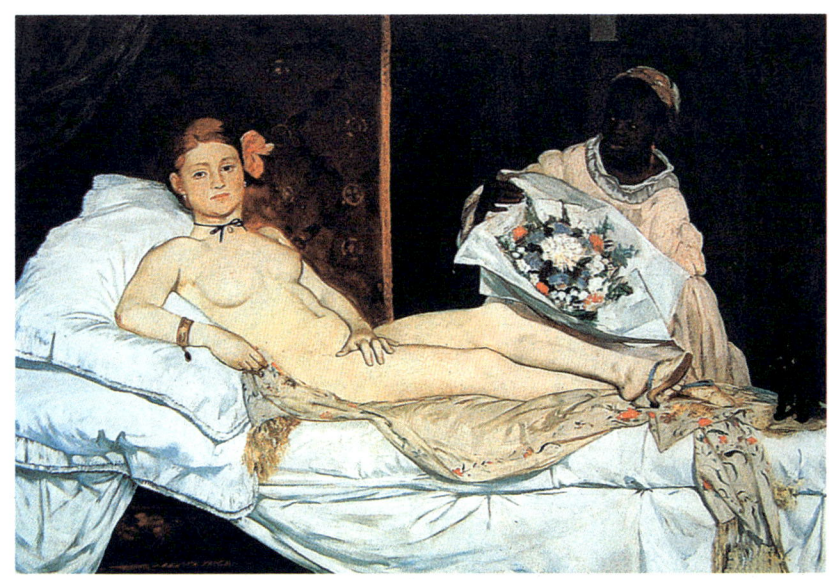

奥林匹亚　马奈　1863年　油画　巴黎奥塞美术馆藏

我不喜欢《圣安东尼之诱惑》，那似乎是他偏爱的题材，前后共画过两幅，前期的一张阴暗零乱，圣安东尼有着女人的乳房，梦幻中出现的女人却像一匹马，后期的一张则是淡而混乱。

圣安东尼是宗教传说中的一位隐修士，是古代集体隐修制度的创立者。他是一位虔诚的基督教徒，在父母去世后，将财产全部分给穷人，自定了一些戒条，从20岁起便开始禁欲修行，在尼罗河畔的皮斯皮尔（今戴尔梅蒙）山中隐修长达20年，其间经历并战胜了魔鬼的种种诱惑。他的事迹，成为文学艺术作品中常被采用的题材，比如圣安东尼在福楼拜的小说、梅里美的戏剧里都出现过。

圣安东尼的诱惑　塞尚　1875—1877 年　奥赛美术馆藏

塞尚的《圣安东尼的诱惑》，的确令人匪夷所思。在他笔下，圣安东尼不仅仅如张爱玲所说，"有着女人的乳房"，而根本就是一个女人。女色本该是圣安东尼要极力抵御的原欲之一，怎么会二者一体？原因或许是塞尚认为最危险的诱惑来源于自身，所以画一个代表诱惑的女子，作为圣安东尼心魔的化身。也许站在画面中间显著位置的这个女人并不是圣安东尼，画面左下方有一个模糊身影，也许那才是圣安东尼。如同达利的同名画作，圣安东尼是处于角落上非常渺小的一个——与那些高大无比的诱惑形成强烈对比。

有个名叫"却凯"的人……，想必是塞尚的朋友，这里共有他的两张画像。我们第一次看见他的时候，已经是老糊涂模样，哆着嘴，跷着腿坐在椅上,一只手搭在椅背上,十指交叉,从头顶到鞋袜,都用颤抖狐疑的光影表现他的畏怯、唠叨、琐碎。显然,这人经过了许多事,可是不曾悟出一条道理来,因此很着慌,但同时自以为富有经验,在年高德劭的石牌楼底下一立,也会教训人了。这里的讽刺并不缺少温情,但在九年后的一张画像里,这温情扩张开来,成为最细腻的爱抚。这一次他坐在户外,以繁密的树叶为背景,一样是白头发,瘦长条子,人显得年轻了许多。他对于一切事物以不明了而引起的惶恐,现在混成一片大的迷惑,因为广大,反而平静下来了,低垂的眼睛里有那样的忧伤,惆怅,退休;瘪进去的小嘴带着微笑,是个愉快的早晨吧,在夏天的花园里。这张画一笔一笔里都有爱,对于这人的,这人对于人生的留恋。

对现代画中夸张扭曲的线条感兴趣的人,可以特别注意那只放大了的,去了主角的手。

却凯,维克多·却凯,是财政部的一个公务员。张爱玲没有说错,他的确是塞尚的朋友,并且在成为包括塞尚在内的印象派画家的朋友后,用他那并不丰厚的收入起劲购藏他们的作品,仅塞尚的作品就达35幅

坐着的却凯 约1877年 油画 美国俄亥俄州可伦巴斯美术馆藏

之多。塞尚曾多次为他画像。

张爱玲在这里,与其说是在说却凯,还不如说她是另有所指。是却凯的模样使她想起了身边的或遇到过的某个人,而她曾被他教训过,或看过他教训别人。

塞尚画却凯有多幅作品,我们未见到张爱玲所说的画于9年后的另一幅,但我们还是多少可以从张爱玲的描述里感觉到那生动的画面。

除了却凯,塞尚还有一位重要的模特儿,那是他的夫人奥黛斯·菲克。菲克本即模特儿出身,少不了是这个原因,当然应该还有爱的缘故,她对她古怪的丈夫,有一种超凡的理解力,这使她容忍他、迁就他,以致成了他婚后唯一的女模特儿。塞尚共为妻子画过25幅画像,塞尚的选集虽然版本众多,却很难找齐他妻子的画像,甚至连张爱玲提及的几帧,也难以找齐。张爱玲仔细而连贯地研究了画家笔下的夫人,她这样写道:

> 然而五年后塞尚又画他的太太,却是在柔情的顷刻间抓住了她。她披散着头发,穿的也许是寝衣,缎子的,软而亮的宽条纹的直流,支持不住她。她偏着头,沉沉地想她的心事,回忆使她年轻了——当然年轻人的眼睛里没有那样的凄哀。为理想而吃苦的人,后来发现那理想剩下很少很少,而那一点又那么渺茫,可是因为当中吃过苦,所保留的一点反而比从前好了,像远处飘来的音乐,原来很单纯的调子,混入了大地与季节的鼻息。

然而这神情到底是暂时的。在另一张肖像里,她头发看上去仿佛截短了,像个男孩子,脸面也使人想起一个饱经风霜的孩子,有一种老得太早了的感觉。下巴向前伸,那尖尖的半侧面像个锈黑的小洋刀,才切过苹果,上面腻着酸汁。她还是微笑着,眼睛里有惨淡的勇敢——应当是悲壮的,但是悲壮是英雄的事,她只做得到惨淡。

短头发的塞尚夫人像另外还有几幅。

一般论者对此画的注意力,在于塞尚对模特面部线条及五官形状的设计,以及冷暖两种光线及颜色的应用,张爱玲的注意力则完全不在于此,而在于画面人物的表情,以及在表情下与眼睛里透出的人生境遇与态度。

再看另一张,那更不愉快了。画家的夫人坐在他的画室里,头上斜吊着鲜艳的花布帘幕,墙上有日影,可是这里的光亮不是她的,她只是厨房里的妇人。她穿着油腻的暗色衣裳,手里捏着的也许是手帕,但从她捏着它的姿势上看来,那应当是一块抹布。她大约正在操作,他叫她来做模特儿,她就像敷衍小孩

高更玛丽·拉加杜 1890年芝加哥艺术学院藏

第一章 世象的临摹——绘画篇　　045

子似的，来坐一会儿。这些年来她一直微笑着，现在这画家也得承认了——是这样的疲乏、粗蠢、散漫的微笑。那吃苦耐劳的脸上已经很少女性的成分了，一只眉毛高些，好像是失望后的讽刺，实在还是极度熟悉之后的温情。要细看才看得出。

塞尚夫人最后的一张肖像是热闹鲜明的。她坐在阳光照射下的花园里，花花草草与白色的路上腾起春夏的烟尘。她穿着礼拜天最考究的衣裙，鲸鱼骨束腰带紧匝着她，她恢复了少妇的体格，两只手伸出来也有着结实可爱的手腕。然而背后的春天与她无关。画家的环境渐渐好了，苦日子已经成了过去，可是苦日子里熬炼出来的她反觉过不惯。她脸上的愉快是没有内容的愉快。去掉那鲜丽的背景，

穿红衣服的塞尚夫人　塞尚　1890—1894年　油画　纽约大都会美术馆藏

暖房中的塞尚夫人　约1890年　油画　纽约私人藏

人脸上的愉快就变得出奇地空洞,简直近于痴呆。

这幅画的名称一般译作"暖房中的塞尚夫人"——是在暖房里而不是在花园里,虽然从背景看,塞尚夫人似乎更像是在花园里。我们仔细来瞧塞尚夫人的面容,张爱玲所说的脸上的愉快似见不见,比较明显的是眉目间的一丝忧色。不过要说"痴呆",塞尚夫人的许多画像,都带一点儿这样的表情。那个年代的画家笔下的人物不少也都带有这样的表情,这也许只是模特儿在那里坐的时间过长,表情就变得无聊呆板了,并非与其生活状况一一对应。只不过这一位是画家的妻子,更容易使人产生猜想,而张爱玲又是想象力特别丰富,想象的衍生物特别多的人。

浴女　1885—1895 年

叫做《塑像》的一张画，不多的几笔就表达出那坚致酸硬的、石头的特殊的感觉。图画不能比这更为接近塑像了。原意是否讽刺，不得而知，据我看来却有点讽刺的感觉——那典型的小孩塑像，用肥胖的突出的腮，突出的肚子与筋络来表示神一般的健康与活力，结果却表示了贪嗔，骄纵，过度的酒色财气，和神差得很远，和孩子差得更远了。

张爱玲说的这张画，应是指塞尚画的丘比特。丘比特是罗马神话中的爱神，专门拿箭射人的，不是凡孩，可是张爱玲觉得塞尚画得不好，才说"和神差得很远，和孩子差得更远"。塞尚画丘比特有不止一幅，有素描，有画像。张爱玲所见很可能是一幅素描，有意思的是塞尚的另一幅丘比特的静物画中，画家虽然仍"用肥胖的突出的腮，突出的肚子与筋络来表示神一般的健康与活力"，但"贪嗔，骄纵，过度的酒色财气"却收敛多了。

印象中，中国的狂欢节不多，著名的似乎只有一个傣族的泼水节。一般人观狂欢节，因为场面混乱，注意力往往集中在整个场面，要么就是跃动特别激烈或装扮特别显眼的个体，而张爱玲却看到姿势下性别的差异——令女人们沮丧的自己的形体：

"谢肉祭"的素描有两张，画的大约是狂欢节男女间公开的追逐。空气混乱，所以笔法也乱得很，只看得出一点：一切女人的肚子都比男人大。

张爱玲看到的未必是《爱的战场》那幅画,但张所描绘的一些特征,比如男女的追逐,空气混乱,女人肚子比男人大等等倒是颇为相符。

爱的战场　1875—1880年　华盛顿国家美术馆藏　应是狂欢,却像角斗,难怪此画以此为名

《谢肉祭最后之日》却是一张杰作。两个浪子,打扮做小丑模样,大玩了一通回来了,一个挟着手杖;一个立脚不稳,弯腰撑着膝盖,身段还是很俏皮,但他们走的是下山路。所有的线条都是倾斜的,空气是满足了欲望之后的松弛。"谢肉祭"是古典的风俗,久已失传了,可是这里两个人的面部表情却非常之普遍,佻佻,简单的自信,小聪明,无情也无味。

"谢肉祭"是狂欢节的一种,所以也有译名为"狂欢节的最后一天",原作还有一个名字是"白衣丑角和红衣丑角"。有人认为这两个扮演小丑的人是法国民间剧团的演员,我们在此无从考证张爱玲所说的"浪子"确否,但一般狂欢节多具全民性,所以两个爱玩的"群众演员"临时打扮成这样也不是没有可能。关于这个题材塞尚至少留下3幅画,除了张爱玲提到的这幅外,还有一幅这两个人物的头部素描,显然是该画的草稿;另一幅画的是其中那位红衣丑角,姿势都差不多,只是将黑帽换成了白帽,右手上的拐杖挟到左腋下去了。

狂欢节的最后一天(素描)

法国的谢肉祭不知与俄国的谢肉节是什么关系。谢肉节是俄国最热闹的节日之一,时间在复活节前8周,节长7天。节后有长达7周的斋期,期间不杀生,不吃荤。

《头盖骨与青年》画着一个正在长大的学生坐在一张小桌子旁边,膝盖紧抵桌腿,仿佛挤不下,处处扦格不入。学生的脸的确是个学生,顽皮,好问,有许多空想,不大看得起人。廉价的荷叶边桌子,可以想象那水浪形的边缘嵌在肉上的感觉。桌上放着书、尺,骷髅头压着纸。医学上所用的骷髅是极亲切的东西,很家常,尤其是学生时代的家常,像出了汗的脚闷在篮球鞋里的气味。

塞尚似乎对骷髅头怀有某种特别的兴趣,他画过多幅骷髅头,有"一只装""三只装",也有"五只装"的,当然单纯的骷髅头远不及与一个青年画在一起富于意味。但张爱玲却并没有从这种对比中找话,她的注意力仅在于青年。

张爱玲随即提到塞尚的另一幅以老妇人为模特儿的画《戴着荷叶边帽子的妇人》,张爱玲谈论青年时的宽容与爱护一变而为极度的刻薄。张爱玲在下文说:"老年不可爱,但是老年人有许多可爱的。"但显然这位老妇人不在此例。

相比于老婆婆,张爱玲似乎对老汉要谅爱得多,她说老年人"有许多可爱的",也似乎仅仅是针对老男人的,尽管他们也有"坏"处,比如张爱玲评说的塞尚的一幅自画像,说他"脸上也有一种世事洞明的奸滑",但她马上又以他相貌的可爱原谅了他。

张爱玲写道:"风景画里我最喜

着打鸟帽的塞尚自画像

欢那张《破屋》，是中午的太阳下的一座白房子，有一只独眼样的黑洞洞的窗；从屋顶上往下裂开一条大缝，房子像在那里笑，一震一震，笑得要倒了。通到屋子的小路，已经看不大见了，四下里生着高高下下的草，在日光中极淡极淡，一片模糊。那哽噎的日色，使人想起'长安古道音尘绝，音尘绝——西风残照，汉家陵阙'。可是这里并没有巍峨的过去，有的只是中产阶级的荒凉，更空虚的空虚。"

《破屋》创作于1892—1894年间。塞尚似乎对"破屋"有所偏爱，他的另一幅"破屋"画是《缢死者之屋》。虽然此屋也够破的，只不过破得程度比不上《破屋》之屋，"缢死者之屋"的裂缝在墙体的中间，窗户也不那么"黑洞洞"。

破屋

《缢死者之屋》看起来要比《破屋》有名,因为塞尚诸多版本的画集多只选《缢死者之屋》,《破屋》则很难得一见,似乎众选编者看法相近,而张爱玲"最喜欢"的却是众选家弃之一边的《破屋》,她的审美观的确与众不同。甚至由常人眼中的一幢普通的残破之屋,居然看出朝代的衰败,世象的荒凉,并且以破屋之笑对日色之哭,可以感想她心中"倍觉其悲哀"。

张爱玲面对破败之屋有如此逾人之常的感受,其实也并不奇怪。她的这多愁善感也生得不足为奇,即便如胡兰成所说,她本不是多愁善感的人。她的这个感触来自于她的家族身世。众所周知,她出身在一个衰落的贵族之家,父亲是前清遗少。虽然那破屋的荒凉与空虚是中产阶级的,不是贵族的,但也庶几近之。张爱玲是个身世感很强的人,触景生情,她不能不如那画中的日色一样"哽噎"起来。

颜色过敏

中国的古画,张爱玲也饶有兴致地读过,在《悯然记·序》里她这样写道:

> 北宋有一幅《校书图》,画一个学者一手持纸卷,一手拿着个小物件——看不清楚是簪子还是文具——在搔头发,仿佛踌躇不决。下首有个僮儿托盘送茶来。背景是《包公案》《施公案》插图中例有

北齐　校书图　杨子华　绢本设色

的，坐堂的官员背后的两折大屏风，上有朝服下缘的海涛图案。看上去他环境优裕。他校的书也许我们也不怎么想看。但是有点出人意表地，他赤着脚，地下两只鞋一正一反，显然是两脚互相搓抹着褪下来的，立刻使我想起南台湾两个老人脱了鞋坐在矮石墙上拉弦琴的照片，不禁悠然微笑。作为图画，这张画没有什么特色，脱鞋这小动作的意趣是文艺性的，极简单扼要地显示文艺的功用之一：让我们能接近否则无法接近的人。

关于《校书图》的时代，张爱玲之言容易使人产生误解。《校书图》并不是北宋的画，而是北齐的画，作者是北齐极富盛名的宫廷画家杨子华。杨子华的画与另一位叫王子冲的棋技在当时号为"二绝"，据说他

的画能够通神。他曾在墙上画马,于是有人夜里听见马打响鼻嘶鸣的声音;他在白绢上画龙,每当画卷展开,画面就有云气萦集。北齐天保七年,也就是公元556年,文宣帝命樊逊与秀才高乾等人勘校内府所藏经史典籍,几年后,杨子华画《校书图》以记其事。

杨子华的《校书图》并没有流传下来,现在我们看到的是宋代摹本,藏于美国波士顿美术馆。图中人物可分为三组,中心是四个士大夫坐在榻上,榻上有菜盘、酒杯、砚台、箭壶、古琴等物,右边一个人似乎欲下榻,而一个童仆正要给他穿鞋。虽然同样有人赤脚,脚边也有歪倒的鞋子,但显然这一幅画与张爱玲所看到的不是同一幅。据文献记载,宋代流传有多种北齐《校书图》,张爱玲看到的,也是北宋的摹本。

张爱玲在《谈跳舞》中，竟将被人视作顶级高雅艺术的芭蕾舞与通常被看作低俗的、被大雅艺术拒之门外的中国的香烟画作对比，并且肯定后者而对前者不以为然：

> 在上海的高尚仕女之间，足尖舞被认为非常高级的艺术。曾经有好几个朋友这样告诉我："……还有那颜色！单为了他们服装布景的颜色你也得去看看！那么鲜明——你一定喜欢的。"他们的色彩我并不喜欢，因为太在意想中。阴森的盗窟，照射着蓝光，红头巾的海盗，觳觫的难女穿着白袍，回教君王的妖妃，黑纱衫上钉着蛇鳞亮片。同样是廉价的东西，这还不及我们的香烟画片来得亲切可念，……我们的香烟画片，我最喜欢它这一点：富丽中的寒酸。画面用上许多金色，凝妆的美人，大乔二乔，立在洁净发光的方砖地上，旁边有朱漆大柱，锦绣帘幕，但总觉得是穷人想象中的富贵，空气特别清新。

这其中也似乎映射出张爱玲"一切都是中国的好"的世界观。胡兰成在《今生今世》里就曾提道："一次我竟然敢说出《红楼梦》《西游记》胜过托尔斯泰的《战争与和平》，或歌德的《浮士德》，爱玲却平然答道，当然是《红楼梦》《西游记》好。"张爱玲虽然读的教会学校，英语水平相当高，但她后来到美国后，无论是将原先的一些中文作品翻成英文，还是直接用英文创作，单以对描写颜色的辞藻的掌握来看，也是中文的比英文的丰富多了。

张爱玲之所以喜欢绘画，也与她喜欢颜色有关。在她的作品中，形容颜色的词多如牛毛，汇在一起，令人触目惊心。

红色的：朱红，赤红，大红，水红，火红，黄红，青红，金红，银红，猩红，粉红，淡粉红，深粉红，毒辣的深粉红，淡红，微红，深红，焦红，嫣红，紫红，淡紫红，深紫红，鲜红，暗红，黯红，绯红，肉红，砖红，妃红，惨红，灰红，娇红，赭红，淡赭红，桔红，橙红，枣红，桃红，深桃红，脂红，胭脂红，玫瑰红，荔枝红，石榴红，樱桃红，杏子红，寂寞红，桑子红，虾子红，灼灼的红，照眼明的红，红赤赤，红焰焰，红扑扑，红通通，红喷喷，红鲜鲜，红隐隐，红拉拉，红刺刺，红得悍然，红得有种神秘感，红得不能再红，红得不可收拾。

黄色的：正黄，微黄，暗黄，黯黄，淡黄，淡橙黄，焦黄，红黄，土黄，湿黄，干黄，蜡渣黄，棕黄，青黄，杏黄，橘黄，橙黄，稻黄，柠檬黄，姜汁黄，肉黄，鹅黄，鸡油黄，乳黄，淡乳黄，金黄，老金黄，糙黄，灰黄，昏黄，赭黄，麻黄，苍黄，草黄，牙黄，酱黄，金鱼黄，蒲公英黄，黄阴阴，黄烘烘，黄暗暗，黄黯黯，黄澄澄，娇嫩的黄，光洁的黄，毒辣的黄。

蓝色的：老蓝，淡蓝，浅蓝，深蓝，宝蓝，碧蓝，蔚蓝，死蓝，黯蓝，暗蓝，暗紫蓝，暗败的蓝，清艳的蓝，迷迷的蓝，淡漠的蓝，银蓝，冰蓝，闪蓝，亮蓝，闷蓝，翠蓝，椒蓝，夜蓝，粉蓝，瓷蓝，红蓝，紫蓝，钢蓝，珐蓝，电蓝，品蓝，浓蓝，烟蓝，景泰蓝，孔雀蓝，蓝阴阴，蓝得像水，蓝得浓而呆，明亮耀眼的寒碜碜粉扑扑的蓝。

绿色的：湖绿，葱绿，新绿，柳绿，豆绿，蓝绿，青绿，白绿，黛绿，嫩黄绿，鹦哥绿，淡绿，深绿，浓绿，苍绿，翠绿，碧绿，苹果绿，橄榄绿，墨绿，苔绿，绿阴阴，绿黯黯，绿油油。

白色的：月白，乳白，肥白，腴白，青白，蓝白，黄白，淡黄白，淡白，雪白，惨白，阴白，冷白，灰白，苍白，银白，莹白，脏白，洁白，花白，粉白，樱白，葱白，刷白，鱼肚白，象牙白，白辣辣，白瞪瞪，白隐隐，白烁烁，白闪闪，白皑皑，白苍苍，白油油，白茫茫，白浩浩，白濛濛，奢侈的白，清冷的白，滔滔的白，笼统的白，复杂的白，白里泛红，白得触目，白得发蓝，沉重的不透明的白，金属品的冷冷的白。

黑色的：乌黑，漆黑，灰黑，黝黑，苍黑，昏黑，青黑，墨黑，翠黑，焦黑，锈黑，棕黑，污黑，浓黑，淡黑，微黑，阴黑，黄黑，紫黑，黑油油，黑隐隐，黑洞洞，黑黝黝，黑赳赳，黑郁郁，黑糊糊，黑苍苍，黑压压，黑沉沉，黑黢黢，黑魆魆，黑漆漆，黑得发亮，黑中泛灰，盲人的黑。

张爱玲在《谈音乐》里说："不知为什么，颜色……常常使我快乐"。她的实际意思是说她不知道颜色使她快乐最初是怎样产生的。换句话说，她不知道自己最初是怎么开始喜欢颜色的。至于颜色使她快乐的原因，她是知道的，她在《谈音乐》里已经说出来了，那就是，颜色不像音乐那样"是浮面上的，有点假"，颜色却"使这世界显得更真实"。她又说："有了个颜色就有在那里了，使人安心。颜色……的愉快性也许和这有关系。"颜色是视觉，音乐是听觉，耳听为虚，眼见为实。

也难怪,张爱玲自小缺少安全感,对于"真实"向来看重以至于爱好。她之颜色,并不是抽象的概念。在日常生活中,颜色总是有所附丽的,如张爱玲笔下的:"夏天房里下着帘子,龙须草席上堆着一叠旧睡衣,折得很齐整,翠蓝夏布衫,青绸裤,那翠蓝与青在一起有一种森森细细的美";或落实于某个场景或形成某个画面,也如张爱玲眼中的:"浴室里的灯新加了防空罩,青黑的灯光照在浴缸面盆上,一切都冷冷地,白里发青发黑,镀上一层新的润滑,而且变得简单了,从门外望进去,完全像一张现代派的图画,有一种新的立体。我觉得是绝对不能够走进去的,然而真的走进去了。仿佛做到了不可能的事,高兴而又害怕,触了电似地微微发麻"。现实在张爱玲眼里的聚像显然已经脱离了现实,换言之,她的眼睛就好像是一架照相机,进去的是生活,出来的是艺术。

第二章

银灯的诱惑

电影篇

无非是借了水银灯来照一照我们四周的风俗人情罢了。——张爱玲《借银灯》

电影使人早熟

张爱玲在散文《私语》中写道,她8岁那年随父亲从天津迁回上海,母亲与姑姑从国外回来,父亲暂时告别了荒唐,与母亲和好,家庭呈现出昙花般的幸福欢乐气氛,其中一个场景是:"我母亲和一个胖伯母并坐在钢琴凳上模仿一出电影里的恋爱表演,我坐在地上看着,大笑起来,在狼皮褥子上滚来滚去。"张爱玲的"电影教育"至少由此开始。

差不多同时期,张爱玲已经进影院看电影了,她在《国语本〈海上花〉译后记》中写道:"我七八岁的时候看电影,看见一个人物出场就急着问:'是好人坏人?'"

张爱玲在圣玛利亚女校上高三时,在校刊《凤藻》上发表过一篇《论卡通画之前途》,专谈卡通影片。当时卡通影片从国外引进还不到十年,人们对它的认识难免肤浅。因为卡通片常被影院用来在正片之前放映一小段以娱乐观众,因此它的作用也就被人们误以为仅此而已。在人们眼里,它不过是为了取悦孩子们以活动画面代替书中呆板画面的小玩艺儿。而看低卡通影片的不仅仅是国内观众,这使得一味以童话、神话为目标的好莱坞的卡通画家们一度陷入题材枯竭的苦闷中。张爱玲正是有感于此,用她稚气未脱的雏音疾呼:

> 卡通画是有它的新前途的。有一片广漠的丰肥的新园地在等候着卡通画家的开垦。未来的卡通画决不仅仅是取悦儿童的无意识的娱乐。

未来的卡通画能够反映真实的人生，发扬天才的思想，介绍伟大的探险新闻，灌输有趣味的学识。

以卡通影片发展到今天的状况，再来回味近七十年前张爱玲的话，不能不赞叹那个中学生前瞻的眼光。张爱玲之所以对卡通画的前途能下此断言，凭的并不仅仅是少年的热情，而是电影给她的启示。在文中她这样写道：

也许有人会怀疑。然而，不看见电影的榜样吗？电影在新发明时代，不是同样被认为是引儿童发笑的东西吗？然而现在有些影片的严肃的态度却可以做学校里课本的补助品了，并且有些电影的艺术价值是公认为足以永垂不朽的。

可见张爱玲对电影很早就没有停留在"爱看"的水平上，她已经注意到电影的发展给社会所带来的影响了。

学生时代痴迷电影

张爱玲在《童言无忌》中写道："看了电影出来，像巡捕房招领的孩子一般，立在街沿上，等候家里的汽车夫把我认回去（我没法子找他，因为老是记不得家里汽车的号码），这是我回忆中唯一的豪华的感觉。"这应是在她的中学时期。

张子静曾回忆说张爱玲性格内向,一向话很少,但是一谈起电影等话题,"她就逸兴飞扬,侃侃而谈"。进入中学直到离家之后,张爱玲每次与弟弟见面,也只愿意谈电影与小说,不愿谈家庭和个人生活。

1934年夏,蔡楚生编导、王人美和韩兰根主演、联华影业公司出品的电影《渔光曲》在上海热映,影片描写了船主何家与外国人合办了渔业公司,采用新式轮船捕鱼,使得租用何家普通渔船捕鱼的渔家兄妹小猴小猫的生计难以维持,兄妹俩于是与老母亲一同离乡投奔在上海路边卖唱的舅舅,继而兄妹俩也随舅舅卖唱,路遇了到国外学习渔业的少年好友、何家儿子子英。子英同情兄妹俩的遭遇,赠以百元,却不料兄妹俩因此被诬抢劫而被捕,等还以清白出狱,母亲与舅舅又因家中失火而双双丧命,何家也出现变故,何父因渔业公司破产而自杀。子英随兄妹俩回到渔村,一同上船捕鱼,小猴又在捕鱼中受伤而死。影片充满了悲惨的调子,最后在凄凉的歌声中结束。

渔光曲

收音机里几乎每天都在播放该影片的主题曲,张爱玲的后母孙用蕃有个小丫头叫小胖,胖而且笨而且难看,张爱玲一向讨厌她,有天却一早起来弹琴教她唱《渔光曲》。小胖学得慢,张爱玲竟有耐心教了她一上午。若非对电影迷得太深,断不至此。

张子静在《我的姊姊张爱玲》中写道:

> 除了文学,姊姊学生时代另一个最大的爱好就是电影。她当时订阅的一些杂志,也以电影刊物居多。在她的床头,与小说并列的就是美国的电影杂志,如《Movie Star》《Screen Play》等等。

谈瑛

> 三四十年代美国著名演员主演的片子,她都爱看。如葛丽泰嘉宝、蓓蒂戴维斯、琼·克劳馥、加利古柏、克拉克盖博、秀兰邓波儿、费雯丽等明星的片子,几乎每部必看。
>
> 中国的影星,她喜欢阮玲玉、谈瑛、陈燕燕、顾兰君、上官云珠、蒋天流、石挥、蓝马、赵丹等。他们演的片子,她也务必都看。

张爱玲对电影痴迷的程度,有一个典型的例子。一次她与张子静及一帮亲友到杭州去游玩,刚到的第二天,她从报纸上看到上海新上映谈瑛的《风》的影片广告,游兴立刻消失殆尽，非要当天赶回上海去看电影不可，大家伙儿谁也劝不了她，最后只好由弟弟陪她离杭返沪。他俩一下火车，连家也来不及回，就径直奔向电影院，一连看了两场。回到家时张子静因疲于奔命，只喊头痛，而张爱玲却像大吃了一顿冰激凌似地心满意足道："幸亏今天赶回来看，要不然我心里不知道多么难过呢！"

影片《风》的宣传之势非同凡响。1934年4月5日那天在《申报》上的广告几乎占了整幅版面，广告词也极尽煽情诱惑之能事，列出谈瑛、高占非、袁丛美等众多明星及其头像，宣称是"十颗亮晃晃的大明星全体总动员合演深刻白热非常精湛作品"；一面说："这是一部珍贵的无上荣誉大作品！冲破中国的电影圈伸展到世界去！"有诱惑人感官的："大风起兮夜园会，那些颠狂的丑男女都显出原形，绅士的高帽在地上打滚，贵妇的晚服露出肉来！""这里的无灵魂的女人——奢淫，沉沦；权势的阶级者——贪欲，残忍！"有宣扬其大场面大制作的："风的超特场面有：狂风暴雨侵袭了千百人享乐的夜园会，纯东方色彩的伟大别墅，耗费万金的百货公司等。"如此宣传，不由观众不趋之若鹜。显然张爱玲也被其吊足了胃口，不然该影片

申报1934年4月30日的《风》广告

连续上映多日，直到月底还有影院在上映，又何至于中断旅游那么迫不及待，也只为先睹为快。

该影片写的是一个工人家庭出身的兄妹俩，在船上当船员的哥哥和其他船员与私贩军火的船主斗争，冲突中开枪打死了船主；在百货公司当店员的妹妹遭经理诱骗失身。兄妹俩不约而同地回到家中，当时夜已残，风正吼，他们眺望着天边的一抹曙光，觉悟了，并且心中充满了希望。

张爱玲当时虽然连看了两场，但事后却似乎并未引发她多少感想，在她笔下，并未发现有关《风》的文字。

张爱玲在香港念大学期间，因为满心希望被保送到英国去，所以学习非常用功，连得了两个奖学金，并且每门功课总是考第一。即使"偷空游山玩水，看人，谈天"，心里也觉得是糟蹋时间。在这种状况下，看电影的次数应不会多。张爱玲的文章中，只有一次提到在那期间看电影的经历，那是她应炎樱之邀到中环一家电影院看电影。因为座位偏后，影院结构奇异，既看不清画面，又听不清声音，结果她们吃完了买票请客的潘那矶先生买的油刺刺的"浸透加糖鸡蛋的煎面包"后就中途退场了。

炎樱显然也是个影迷，对电影迷恋的程度甚至超过张爱玲，在香港战争期间居然"冒死上城去看电影"，看来张爱玲与炎樱成为好友并不奇怪。但张爱玲那次并没有与她同去，尽管那时已经停课了。

写作生涯始于影评

张爱玲辍学自香港回到上海,开始为英文杂志《二十世纪》撰写散文,其中有不少是影评,比如1943年5月号上登出的Wife, Vamp, Child(《妻子,荡妇,孩子》),同年6月号上发表的The Opium War(《鸦片战争》),7月号上发表的Song of Autumn(《秋之歌》)、Cloud Over the Moon(《乌云遮月》),8月号上发表的Mothers and Daughters in law(《婆媳之间》),10月号上发表的《〈万紫千红〉和〈燕迎春〉》,11月号上发表的China Education tie Family(《中国家庭教育》)等,分别评论了根据美国影片《情谎记》改编的《桃李争春》(1943年出品,陶秦编剧,李萍倩导演,陈云裳、白光主演)、《梅娘曲》(1943年出品,屠光启编剧导演,王熙春、严俊主演)、《万世流芳》《秋之歌》(1943年出品,谭维翰编剧,舒适导演,陈娟娟、顾也鲁主演)、《万紫千红》(1943年出品,陶秦编剧,方沛霖导演,李丽华、严俊主演)、《燕迎春》(1943年出品,屠光启编剧导演,袁美云、高占非主演)、《自由魂》(1943年上映,王引编剧导演,袁美云、徐立主演)、《两代女性》(1943年出品,卜万苍导演,顾兰君、王丹凤主演)、《母亲》(1943年出品,姚克编剧,舒适导演,顾兰君、梅熹主演)、《新生》《渔家女》等诸多影片。其中有些文章后又改以中文发表,后来收入散文集《流言》的《借银灯》《银宫就学记》都属此类。1943年即便不是张爱玲看电影最多的年份,也是她写影评最多的年份,评得最多的也是该年度的电影,除了上述的以外,她在其他作品中提到的还有《人海慈航》(陶秦编剧,黄汉导演,胡枫、孙敏主演)和《侬本痴情》(桑弧编剧,屠光启导演,顾兰君、梅熹主演)。

《新生》1936年由群星电影研究社出品,导演李钟茵。张爱玲在《银宫就学记》里认为电影《新生》是几年前的电影《三个摩登女性》《人道》相同题材的再现。

《三个摩登女性》由田汉编剧,卜万苍导演,联华影业公司1933年出品。该影片写了三位女性与一位男性之间发生的故事。青年大学生张榆(金焰饰)因不满家庭包办婚姻,从家乡东北来到上海,进入电影圈,很快成了明星。"九·一八事变"后,他逃婚的未婚妻周淑贞(阮玲玉饰)与母亲逃亡来到上海,在电话局找到一份接线员的工作,她打电话给张榆,劝他不要再演那种无聊的爱情片,而应做一些对挽救民族危亡有益的工作。张榆得知是周淑贞,听从了她的劝告。"一·二八事变"爆发后,张榆因参加前线工作受伤,在医院里与参加抗日救护工作的周淑贞相逢。张榆想与周淑贞恢复婚约,但得不到周淑贞的响应。张榆以前的一位恋人虞玉(黎灼灼饰)成了寡妇后从香港回到上海,来到他的身边;另一位从江南小城特地来上海找他的少女影迷陈若英(陈燕燕饰)也在拼命追求他。张榆虽不接受陈若英的爱,但感她一片痴情,愿意合拍一部影片作为纪念,不料陈若英借女主角自杀的情节,假戏真做,自刎殉情,使张榆深受震动。而后周淑贞带张榆到贫民窟、厂区码头、工人小学,广泛接触下层贫苦人民。觉悟了的张榆拒绝了虞玉的引诱,与周淑贞走到了一起。

《三个摩登女性》剧照

《人道》根据钟石根原著改编,编剧金擎宇,卜万苍导演,联华影业公司一厂 1932 年出品。该影片写了出身于北方农村富农家庭的赵民杰（王桂林饰），从农村到天津念大学后，沾染了城市奢侈逸乐的习气，不顾家乡有妻，又与洋行买办的女儿柳惜衣（黎灼灼饰）恋爱。后来家乡遇到严重的旱灾，虽然赵民杰已经走出校门，有了收入颇丰的工作，但他因正为与柳惜衣结婚做准备，所以也不寄钱回家，结果就在他举行婚礼的当天，他的父亲饿死了。有意味的是，后来柳惜衣的父亲在临终之前，捐了一笔遗产给"赈灾会"。柳惜衣与赵民杰婚后又另觅新欢，赵民杰愤而回故乡，可他的糟糠之妻也死了，赵民杰不禁悲悔交集。

对于《人道》的评价，在当时出现了两种截然相反的观点。主流社会认为影片显示了人性，宣扬了中国传统道德，具有感人至深的艺术感染力，在许世英、熊希龄等人的促使下，教育部以影片有益于世道人心而予以嘉奖；而左翼人士则在报端对影片予以痛批，上海《民报》副刊《电影与戏剧》、《晨报》副刊《每日电影》上都发表了不少批评文章，文章认为影片掩盖了真实的社会矛盾，不利于人民反帝反封建的斗争。甚至有人认为该片导演卜万苍也因此受到了压力，而导演《三个摩登女性》就是在这压力下妥协的结果。① 张爱玲没有介入这场纷争，她也没有从思想意识方面来看待这部影片，她的视点在题材，认为是"描写农村的纯洁怎样为都市的罪恶所玷污"。

① 杜云之：《中华民国电影史》（上），台湾文化建设委员会，1988年6月版，第233页。

《渔家女》上映于1943年元旦，由卜万苍编剧导演，周璇、顾也鲁主演。太湖渔家父亲与女儿琼珠、慧珠一天在集市上卖鱼时，被债主逼债，一位叫崔时俊的青年路见不平而相助，使琼珠对他生发了爱慕之情。崔时俊是艺术专科学校的一名学生，也很得东家喜欢，东家向崔父提亲，要将女儿张国瑛嫁与，得到崔父的同意，但时俊不接受。与父亲争吵后，时俊去找琼珠，意外跌下石崖，被琼珠父女救起并在其家养伤。崔父得知儿子心有别属，于是到琼珠家逼儿子与张家订婚。时俊与琼珠定下终身后到上海谋生。国瑛为追时俊也来到上海，在生活上帮助时俊，使时俊心生感激。国瑛暗自扣下琼珠给时俊的信，又以时俊的名义给琼珠回信，假称时俊已与自己订婚。琼珠痛不欲生而投湖自杀，幸被救起。国瑛得知琼珠殉情一节，良心发现，退出角逐，并促成他们二人的婚事。

张爱玲在《银宫就学记》里对《渔家女》多有评论，多的是不以为然的批评。虽然也间杂着几句称赞，而称赞中又夹杂着揶揄，要么是降低标准后的称赞，以至于使读者疑心那褒扬是不是反话。比如她说该片不能归入教育片但富有教育意味，是因为"它对于中国人的教育心理方面是有相当贡献"；影片的作者"用稀有的甜净的风格叙说他的故事，还有些神来之笔，在有意无意间点染出中国人的脾气"。中国人脾气的点染与教育心理的贡献似乎都是影片作者无意中表现出来的，是观众的"收之桑榆"，所以账不能算在影片作者头上。而张爱玲批评的话就说得直接多了，如"在《渔家女》里面找寻教育的真谛，我们走的是死胡同"；"《渔家女》的英雄一开头便得罪了观众（如果这观众是有点常识的话），因为他不知天高地厚，满以为画两个令人肃然起敬的伟岸的裸体女人便可以挣钱养家了"等等。

影片中的男主角，张爱玲显然不大喜欢这个人物，讥之为"英雄"，因为崔时俊之所以做得了"英雄"，全靠爱他的阔东家的小姐的支持：他到上海谋求独立而不得，是张国瑛施以援手。连他后来迎娶琼珠所乘的花马车，也是张国瑛赠钱雇的。张爱玲的意思，似乎崔时俊既然拒绝张国瑛的爱情，却又接受她的援助，是不要自尊，做了被人看不起的事。可是过了一两年张爱玲与胡兰成分手后，却寄了不小一笔款子给他——胡兰成如果读过《银宫就学记》，是该将钱收下，还是退回去？而她是为了前情顾不得其他，还是无意中陷前夫于遭人轻视的境地？

张爱玲又批评崔时俊前面对恋人说"我不喜欢受过教育的女人"，后面却又忍不住教她识字，掉入中国传统文人教太太读书以期"红袖添香"的窠臼。这批评不免有所偏差。崔时俊那话，一是针对琼珠觉得文盲的自己配不上他而说的，带有安慰的成分；二是他说不喜欢受过教育的女人，真实的意思应是不喜欢一些女性伴随着受教育而生出的一些令人讨厌的德性,而不是不喜欢女人识字,所以后来他教她识字也在情理之中;三是拿一些知识女性特有的令人讨厌的德性,与"大自然的女儿"(张爱玲语)琼珠天然未琢的纯真相比而言的。电影的对白是口语化的,对话中有许多省略。如果抠起字眼来,崔时俊也并未说"我不喜欢所有受过教育的女人",仅此他也无可厚非。

张爱玲影评中涉及的《桃李争春》,应是中华电影联合股份有限公司(简称"华影")1943年摄制的,而非1927年大中华百合影片公司出品、由王元龙导演的同名影片。《燕迎春》同由华影同年摄制,同为家庭伦理男女恋爱题材;《梅娘曲》则由中华联合制片股份有限公司(简称"中联")于1942年夏至次年春之间摄制,题材同上。

《万世流芳》由朱石麟编剧,卜万苍、朱石麟、马徐维邦三人共同执导,"中联""中华"及"满映"1942年联合摄制出品。影片的内容,可以这样来归纳:正标题是鸦片战争,副标题是林则徐及其与两个女性的罗曼史。从表面上看,该片只是正常地描写历史事件与历史人物,可在影片背后,却富含其他意味,而明眼人的看法也不相同。一种观点认为是日伪在太平洋战争爆发的背景下,想借助此片配合日本与英美开战,向中国人宣传"中日亲善"而共同反英反美。但从实际播映效果来看,日伪此举不免弄巧成拙:今日抗日战争与昔日鸦片战争具有可比性,都是中国遭受外强入侵,在这一点上,今日日军与昔日英军并无不同,何况当时日本特务机构"梅机关"及日本浪人还在沦陷区倾销鸦片,所以影片的上映不仅没有达到日伪期望的效果,反而有可能激起沦陷区人民的抗日情绪。① 另一种观点则不认为这是一部从日伪立场出发的政治宣

① 杜云之:《中华民国电影史》(上),台湾文化建设委员会1988年6月版,第324页。

传品，影片中回避中国人对日本的憎恶，以及对在抗战中支援中国的英国采取敌视态度的宣传，不过是沦陷区的中国电影人对日本不得不做的妥协。[①] 照第二种观点我们可以设想，影片实际产生的效果不排除是沦陷区电影人的故意为之。

对于以上这些，张爱玲在她对《万世流芳》所做的评论中均不涉及，而选择了拉杂谈的方式如夸夸题材的开拓、评评素材取舍的得失、点点演员的演技等。本来她在英文报刊对英文读者谈论该片，若讨论从鸦片战争到抗日战争中国人对英国人态度的变化，应是很有意思的话题，虽然那样比较冒险，搞得不好也许会引起日本人不悦而遭来麻烦。

---

① 〔日〕佐藤忠男：《中国电影百年》，上海书店出版社，2005年6月版，第67—68页。

电影《万世流芳》剧照

电影《万世流芳》的主演陈云裳

小说"借银灯"

从张爱玲的文学生涯来看,影评文章堪称是她进入文学创作的序曲,但也仅此而已,其后她因忙于小说与散文创作,专门的影评文章也就一时无暇顾及。还有一个原因是抗战后期的上海电影公司,已经不大能拍出什么好作品来了。1944年3月16日下午,《新中国报》报社举办了一个"女作家座谈会",与会的有张爱玲、苏青、关露、潘柳黛等人。在会上,《新中国报》主编鲁风提了一个"读书与消遣"问题,由众人依次回答,张爱玲就"消遣"答道:"从前喜欢看电影,现在只能看看橱窗。"

尽管如此,在一般的散文中,张爱玲还不时会提到电影,比如在《洋人看京戏及其他》中提到影片《香闺风云》,提到《侬本痴情》。她说:"顾兰君在《侬本痴情》里和丈夫闹决裂了,要离婚,临行时伸出手来和他握别。他疑心她不贞,理也不理她。她凄然自去。这一幕,若在西方,固然是入情入理,动人心弦,但在中国,就不然了。西方的握手的习惯已有几百年的历史,因之握手成了自然的表现,近于下意识作用。中国人在应酬场中也学会了握手,但在生离死别的一刹那,动了真感情的时候,决想不到用握手作永诀的表示。"

张爱玲在《谈跳舞》中,提到日本影片《狸宫歌声》(原名《狸御殿》),将它与迪士尼的卡通片《白雪公主》《木偶奇遇记》作对比;还提到另一部日本影片《舞城秘史》(原名《阿波之踊》),而且说她那一阵子常看日本电影。这说明张爱玲并没有离开电影。

实际上,电影的影响早已经渗透她的心灵,电影的妖魅之影不时在她的小说中闪现。

张爱玲的小说常常给人这样的感觉,她不是用笔把思想传达给读者,而是用摄像的镜头把图像呈现给读者;她的小说使人眼花缭乱,精彩纷呈,仿佛不是出自她手上的一支笔,而是各种镜头变换运用的结果。

早在她中学快要毕业时发表于校刊上的小说《霸王别姬》里,就表现出了小作者脑海里的电影意识,比如结尾虞姬当着项王面自尽前后的一段:"……等她的身体渐渐冷了之后,项王把她胸脯上的刀拔了出来,在他的军衣上揩抹掉血渍。然后,咬着牙,用一种沙嗄的野猪的吼声似的声音,他喊叫:'军曹,军曹,吹起号角来!吩咐备马,我们要冲下山去!'"张爱玲自己也承认这"末一幕太像好莱坞电影的作风了"。

在张爱玲的小说里,提及"电影"之处,不胜枚举。

《浮花浪蕊》中,洛贞在路上被男人骚扰,无处可躲,于是逃进电影院里。

> 正在演一场苏俄短片,苏联土耳其斯坦的果园纪录片,配的音响像印度音乐,大概南亚中东都是这一个系统,笛子吹得一扭一扭的,忽高忽低回环不已,有点像唢呐,但是异国情调很浓。集体农场上有修饰得这样齐整的黑发美人?她采下一串葡萄,一个特写,仰着头微笑着,一颗颗咬下来吃,是中东的一个特点。西至意大利据说

都是如此，女人嘴上的汗毛特别重，毛发又浓黑。无情的水银灯下，拍出来竟然是两撇小胡子。

显然张爱玲看过这影片，不然不可能描绘得这么细致。由此看来，张爱玲感兴趣的不仅仅是好莱坞的故事片。

《心经》写到，有恋父情结的许小寒与父亲在别人眼里像一对情人一样去看电影，后来她的父亲爱上了她的同学段绫卿，去看电影时被另一位同学看见；《多少恨》里，宗豫因为心不在焉，邀家茵去看电影，竟按照一张过期的报纸上登的电影广告，闹了笑话。两部小说里写的是同一家戏院，叫"国泰"。

上海确有"国泰"，在如今的淮海中路上，全名叫国泰大戏院，建成于1930年，1954年更名为国泰电影院。张爱玲任编剧的影片《不了情》的第一个镜头就是国泰大戏院的外景，男女主角一个要买票一个要退票，在此邂逅。

不了情

《桂花蒸·阿小悲秋》里写道："阿小拖过绒线衫来替百顺盖盖好，想起从前同百顺同男人一起去看电影，电影里一个女人，不知怎么把窗户一推，就跨了出去；是大风雨的街头，她歪歪斜斜在雨里奔波，无论她跑到哪里，头上总有一盆水对准了她浇下来。"

现实生活中一些准恋人往往喜欢往电影院里跑，有的是因为彼此尚不熟悉，借电影院的幽暗避免面面相觑的尴尬；或是借电影的浪漫发酵感情。在张爱玲笔下，电影院另有出人意料的妙用。《倾城之恋》里，精心打扮的宝络与范柳原相亲，范柳原出主意看电影，"他要把人家搁在那里搁个两三个钟头，脸上出了油，胭脂花粉褪了色，他可以看得亲切些。"

《十八春》里一段写电影院的情节较长：翠芝与世钧、叔惠同去看电影，是轰动一时的一出悲剧名片。翠芝在上楼的时候崴了脚，把鞋的高跟折断了。世钧应翠芝之求回家去取鞋，回来时电影正放到结局前的高潮处，"楼上楼下许多观众都在窸窸窣窣掏手帕撂鼻子擦眼泪。"散场后他们走到戏院门口，世钧因电影没看全，心里感到很"憋闷"，于是一个人去重新买票再看一遍。在这部 23 万字的小说里，"电影"一词竟出现了 35 次之多，不仅是主要角色，许多次要人物也都与"电影"发生联系。不论是谁，不论是为了社交、娱乐、消磨时间或是哄小孩，都会想到看电影。由此可以想见当时的上海，简直是电影的天下。正如翠芝的同学窦文娴说的："上海就是一个买东西，一个看电影，真方便！"这自然是张爱玲的心声。曼桢的姐姐曼璐早先订婚的对象张慕瑾也有一句话："看电影也有瘾的，越看的多越要看。"也自然是张爱玲的感想。

《创世纪》:"礼拜天,他又约她看电影。因为那天刚巧下雨,潆珠很高兴她有机会穿她的雨衣,便答应了。米色的斗篷,红蓝格子嵌线,连着风兜,遮盖了里面的深蓝布罩袍,泛了花白的;还有她的卷发,太长太直了,梢上太干,根上又太湿。风帽的阴影深深护着她的脸,她觉得她是西洋电影里的人,有着悲剧的眼睛,喜剧的嘴,幽幽地微笑着,不大说话。"

张爱玲不仅在小说的情节里不时提到电影,就连她小说的名字,也时常"借银灯",来源于片名。比如她的《红玫瑰与白玫瑰》,1926年新舞台就出品有《红玫瑰》(徐卓呆、汪优游导演),其后华剧影片公司拍摄过《白玫瑰》;她身后留下的一部未完成的小说《小团圆》,1948年清华影片公司拍摄过由黄宗江编剧、丁力导演、孙道临和吴茵等人主演的《大团圆》。

电影编剧

电影不仅早已进入了张爱玲的小说,也早已进入了她的现实生活。她之所以酷爱电影,可能与她早就发现了电影与人生的关系有关。她在上初中二年级时写的《迟暮》里就有言:"电影似的人生……"虽然她也知道,"生活的戏剧化是不健康的"。但自我意识感强的人往往无法摆脱它,而张爱玲就是这样的人。比如她在《童言无忌》里写到她看到顽皮的弟弟被父亲责打而忍不住掩面而泣,继而受不了后母在一旁的风言风语,"丢下了碗冲到隔壁的浴室里去,闩上了门,无声地抽噎着,我立在镜子前面,看我自己的掣动的脸,看着眼泪滔滔流下来,像电影里的特写。"

再比如张爱玲与后母发生冲突而被父亲痛打的一节,当"后母一路锐叫着"向楼上的父亲奔去,深知父亲脾气的张爱玲预感到大祸就要临头了,周围的环境在她的心目中立刻定格为影片中无声的场景:"在这一刹那间,一切都变得非常明晰,下着百叶窗的暗沉沉的餐室,饭已经开上桌了,没有金鱼的金鱼缸,白瓷缸上细细描出橙红的鱼藻。"

张爱玲在《忘不了的画》里写道:"年纪大一点的女人,如果与情爱无缘了还要想到爱,一定要碰到无数小小的不如意,龃龉的刺恼,把自尊心弄得千疮百孔。"这话对她自己而言,真可谓一语成谶。早在抗战胜利前,胡兰成就已经移情别恋,抗战胜利后又加上逃亡,与张爱玲已经"与情爱无缘了",可是张爱玲却恋恋不舍,以致小说创作也一时无心了。而这时,电影创作的机会却适时向她招手,虽然她仍处在"龃龉的刺恼"中,但可能出于对电影的特别喜爱,竟首肯了。

1946年8月底,国民政府将抗战后期被日伪影视机构"华影"(全称中华电影联合股份有限公司,汪伪宣传部部长林柏生任董事长)占据的民营电影资本家吴性栽的影视公司"联华"摄影场发还,吴性栽就在地处徐家汇三角地带的原场址上,投资创办了"文华影业公司",委任陆洁为厂长,黄佐临、桑弧为编导。应是张爱玲在话剧《倾城之恋》上的成功,编导们在物色编剧人选时想到了她。

黄佐临、桑弧与柯灵都不陌生，柯灵曾是黄佐临"苦干剧团"的编剧；桑弧与柯灵也不是一天两天的朋友，3 年前，张爱玲将小说《倾城之恋》改编为话剧，曾得柯灵鼎力相助，事后张爱玲赠以一段宝蓝色绸质袍料作为答谢，柯灵拿它做了皮袍面子，穿在身上很显眼，桑弧见了，用上海话道"赤刮刺新的么"。可见至少当时桑柯就是熟友。要找张爱玲，自然叫柯灵作中间人。

那一天桑弧和"文华"宣传主任龚之方拿了柯灵的介绍信，到张爱玲寓所拜访，请张爱玲尝试写电影剧本。张爱玲虽然爱看电影，但对剧本这类体裁毕竟陌生，起初有些犹豫，但终于挺身站起来说："我写。"

这是张爱玲第一次写电影剧本，所以她在"参看了发表在杂志上的好几个中外电影剧本后才动笔"，不知她写得是否顺利，但从该剧直到 1947 年 2 月才付之投拍来看，似乎耗费时日不短。该片由桑弧做导演，拍摄得倒很顺利。因该片场景大多在室内，人物又少，加上导演肯卖力，厂长也干练，故而仅仅用了两个多月的时间，该片就在上海公映了。

该片描写了一位未婚的家庭女教师与有妻室的男主人之间产生感情的过程，使人想起《简·爱》。尽管《不了情》的结尾并不是有情人终成眷属，而是女教师因架不住从乡下赶来的女主人的哭求而凄然离去，终使这段爱情不了了之。故事自是比较老套，又因戏剧的矛盾冲突不够激烈而使得影片显得较"温"，长处是题材的永恒，情节的生活化，导演表现出了张爱玲小说中的细致与意味，这使得影片还是颇有看头。

那时张爱玲与胡兰成的婚姻已到尽头，只差将分手说出口，此时她的心境应有可能折射在剧本中，但该剧的情节与他俩的恋程没有太多的可比性，可张爱玲将它命名为"不了情"，随后将它写成小说，又取名为"多少恨"，倒是有那么点意思。

如今《不了情》的剧本不见，幸有《多少恨》，可以与影片对比。

影片《不了情》与小说《多少恨》从故事情节、人物到段落、对话等无大不同，只有很少的地方不一致，可以看出，桑弧在拍片时相当忠实于原剧本，而改动处也改动得无不恰当。

比如，为了给小主人买生日礼物，女教师虞家茵与雇主夏宗豫在商店里二次相遇，当时她还不知夏的身份，由他驱车送她到雇主家去，对他来说其实是回家，他却故意不点穿。当佣人来开门时，她向他道别，他却跟进门去，笑着说："可是这儿是我自己家呀！"而后八岁的女儿跑出来叫"先生"和"爸爸"——小说是这样写的。影片却是，夏宗豫从门外一直跟到室内，虞家茵再次想叫他走，他却在沙发上坐了下来，说："让我抽支烟再走。"而后他的女儿从楼上下来，扑到他怀里，喊他"爸爸"，虞家茵这才恍然大悟。影片添了一些细节，大大增加了喜剧的张度。

夏太太"是一个没有知识的乡下女人"，小说里的她及女佣姚妈都不时有些粗口，这当然与她们的地位或生活环境相符，可是文字的视觉效果是与电影的视听效果不一样的，后者会将原事物"放大"，在电影里往往会觉得很刺耳。夏太太跟丈夫吵架时道:"我死了那个婊子不是称心了吗?"在夏家门口,姚妈对虞家茵骂道:"这时候还装腔作调干吗?还不回家去乐去?我们老爷哪门子楣气,碰见这些乌龟婊子的!"电影里则都改了去,前段变为:"我死了不好吗?我死了你们就可以称心了!"后段变为:"你还不称心吗?好日子不是来了吗?"这就文雅多了,而戏剧冲突并未降低。

最值得一提的是最后虞家茵决定离开夏宗豫,远赴厦门。小说写她走之前是将消息告诉了他的,只是她去意已决,他挽留无力,次日他来送她,她却已经走了;电影则是她未将要走的打算透露给他,等他来见她时,才发现她已经离开了,从而使惆怅、凄清的气氛达到了高潮,影片就在这高潮下结束。这样一改,使影片变得简洁,略去了两人临别絮絮对话的琐碎,而代以电影语言来表现虞家茵欲言又止的愁肠百转,和夏宗豫对恋人将要离去的浑然不觉,为后面的百感交集作了很好的造势。

女主角虞家茵的父亲明显有张爱玲父亲的影子。比如有个场景是虞父与男主角夏宗豫在虞家茵住处见了面,虞父请夏宗豫在自己的工厂里为他安排个工作,夏宗豫问他会什么,他答:"我别的都不成,就是念了一肚子旧书,诗词歌赋我是全能对付,这半辈子可说是怀才不遇呀!"使人想起张爱玲在《对照记》中第

影片《不了情》

25 幅图下写的一段文字:"我父亲一辈子绕室吟哦,背诵如流,滔滔不绝一气到底。末了拖长腔一唱三叹地作结。沉默着走了没一两丈远,又开始背另一篇。听不出是古文时文还是奏摺,但是似乎没有重复的。我听着觉得心酸,因为毫无用处。"

虞家茵等父亲走后,生怕夏宗豫不了解她的父亲而吃亏,于是告诉他她父亲的为人:"本来我是他的女儿,我不应该说他不好,可是他这个人……我母亲一辈子就吃他的苦。他娶了一个姨太太,就一直不把我母亲当人。"说着,又拿出一张父母以前的合影给夏宗豫看,以证明她母亲以前是多么姣好而今是多么憔悴。夏宗豫见相片上的虞父被刀片划成了网格状,知道是她干的,便问道:"怎么你把你父亲的像划成这个样子了?"虞家茵是这样回答的:"我恨他。那个时候我才八岁……"8 岁,差不多是张爱玲在父母离异时的年龄。

在影片中,饰演虞家茵的演员是陈燕燕,夏宗豫则由刘琼饰演,他们两人都是我国早期电影名星。陈燕燕原名陈倩倩,演《不了情》时已年逾三十,虽然影片中点明角色年龄为 25 岁,但从扮相上看明显不止。张爱玲在小说里绘出的夏宗豫的相貌是"年轻的时候不知是不是有点横眉竖目像舞台上的文天祥",刘琼的眉目及脸颊的线条比较硬,似较接近张爱玲的要求。

张爱玲却不认为陈燕燕"老",相反还觉得她"年轻"呢!她只是嫌她"胖"——事隔 30 年后她在为《多少恨》写的前言中,谈到当年该片拍摄情景及陈刘两位演员:

"当时最红的男星刘琼与东山再起的陈燕燕主演。陈燕燕退隐多年，面貌仍旧美丽年青，加上她特有的一种甜味，不过胖了，片中只好尽可能的老穿着一件宽博的黑大衣。许多戏都在她那间陋室里，天冷没火炉，在家里也穿着大衣，也理由充足。……不过女主角不能脱大衣是个致命伤。——也许因为拍片辛劳，她在她下一部片子里就已经苗条了，气死人！"

张爱玲记忆有误。陈燕燕在影片中穿过两件大衣，先是一件杂色的松软的大衣，是在第一次到主人家时穿的；后来穿过一件豹斑领袖灰底大衣。许多场景下，脱去大衣后，里面是一件黑底碎花中袖旗袍，此即为张爱玲印象中的"黑大衣"。

《不了情》于1947年4月10日最初在沪光、卡尔登两家剧院同时上映。就《申报》来看，早在4月2日，广告就已经打出来了，天天有，直到5月8日止，中间只5月1日停登了一天。广告内容也时有变化，且色彩由淡渐浓，极尽煽情之能事：

第一天，以"影坛特讯"面目出现，在男女主角相片旁写着："银幕隽侣陈燕燕刘琼再度合作"；次日在"不了情"旁写着"桑弧导演，张爱玲编剧"及出品公司；第三天将前两天的内容合在一起；第四天煽情话开始出现，在陈刘名字上冠以"影迷一致公认之银幕大情人"，下附"难得碰头，再度合作"，还有说影片的："无尽量哀愁，千万种感慨"；第五天的广告达到一高潮：文字上又多了"情近乎痴，爱人于真"，更有"无疑是胜利以后国产电影最最适合观众理想之巨片"之语，竟然连用了两个"最"字（4月6日）。其后稍微收敛一日，就又肉麻起来，写的是，"银幕上演员勿哭，银幕下观众哭"，且把后一"哭"字放得老大。其后一日又有新词："本片独具优点：蕴藉纤巧，细腻深长""迷迷的，痴痴的，无限悲怆；皇皇然，茫茫然，千种感慨"，甚至还有一段饶舌的忠告："小姐们，请你们的感情不大冲动，本片使你哀愁，使你流泪，可是这究竟是'戏'，不是真的，希望你们——别跟有太太的人谈爱，上帝会祝福你们"。影片才公映一天，次日便加映了国防部新闻局刚"监制"好的新闻纪录片《国军收复延安》，于是"爱情与战争"便突兀而滑稽地相安在一幅广告画面里。许是为了节约版面，后面几期时而将"国军"与"延安"中间的"收复"字体缩小，于是醒目的字只剩下"国军""延安""不了情"（4月14日），眼神不好的多情读者乍一看，会在它们中间生出奇思异想来。快到月底的时候，广告上又一个小高潮出现："献给多情的青年男女""口碑载道，越映越旺""地老天荒，堪叹古今情不尽；痴男怨女，可怜风月债难酬"……

以上广告里的这些词句，张爱玲写来自不费事，但恐怕她不屑为之吧。虽然做广告的人请她帮忙，而她迁就的可能性不能说没有。

据龚之方回忆："《不了情》产生很大的轰动效能，卖座极佳，桑弧才动念再请张爱玲写个电影剧本，桑弧肚里藏了个腹稿，是个喜剧，他把剧本的框架告诉张爱玲参考，张因《不了情》的一举成功，心里有点甜头，对桑弧请她写第二个电影剧本慨然应允。"这个剧本就是《太太万岁》。

编导之恋无果

《太太万岁》是一出家庭讽刺剧,是张爱玲追求的"笑中有泪"那种喜剧。描写一个贤惠而大度的太太陈思珍,大概是个理想主义者,处处为他人着想,想要家人皆大欢喜,可是运气不佳,手段不高明,所以时时露馅,所以处处吃力不讨好:她替丈夫吹嘘,又替娘家撑场面,想使婆婆觉得她是个好媳妇,小姑觉得她是个好嫂子。她用撒谎的方法使势利的父亲资助丈夫办公司,但丈夫在发财后和一个交际花秘密同居,而婆婆又因此对她多方责难,使她精神上受尽折磨,终于下决心找律师办离婚,但在签离婚协议书时,又经不住丈夫几句悔恨的话,心软了下来,终于放弃了离婚。

电影《太太万岁》中的思珍总是运气不好而露馅,于是这种表情就经常出现了

影片《太太万岁》中妻子的贤惠并不能阻止丈夫外遇,这是丈夫与刁蛮的情人在一起。丈夫脸上"真拿你没办法"的表情,是在妻子面前从来不曾出现过的

《太太万岁》仍由桑弧导演，于1947年12月14日在上海的皇后、金城、金都、国际四大影院同时上映，受观众欢迎的程度不亚于《不了情》。

《太太万岁》上映前10天，张爱玲在上海《大公报》的《戏剧与电影》栏发表了《〈太太万岁〉题记》，介绍剧中人物和剧情，引导观众理解作者的创造意图和手法，消解观众在看了影片之后可能会产生的误解或不解。

《〈太太万岁〉题记》是篇好文章，平实中有文采，平易中见思想，平常中现阅历，难怪被《戏剧与电影》的主编、著名剧作家洪深所激赏，他在《编后记》中叹道："好久没有读到像《〈太太万岁〉题记》那样的小品了。我等不及地想看这个'注定了要被遗忘的泪与笑'的 idyll① 如何搬上银幕。张女士也是《不了情》影剧的编者；她还写有厚厚的一册小说集，即名《传奇》！但是我在忧虑，她将成为我们这个年代最优秀的 high comedy② 作家中的一人。"

本来张爱玲这朵"奇花"也许可以安静地绽放，可被剧坛前辈这么一喝彩，就招致是非了，应了"爱之足以害之"的话，竟至引起一场论争，而且站在反面的是多数。激愤的，把张爱玲连同洪深骂得狗血喷头：

"寂寞的文坛上，我们突然听到歇斯底里的绝叫，原来有人在敌伪时期的行尸走肉上闻到 high comedy 的芳香！……难道我们有光荣历史的艺园竟荒芜到如此地步，只有这样的 high comedy 才是值得剧坛前辈疯狂喝彩的奇花吗？"③

---

① 田园诗，牧歌。

② 高雅喜剧。

③ 胡珂：《抒愤》，1947年12月12日上海《时代日报·新生》。

这篇文章发表时,《太太万岁》尚未公映,文章当然不是影评,而是人评。一旦评人,张爱玲在敌伪时期的一节自然又成话柄,连累得说她作品两句好话的洪深都几乎变成坏人了,尽管洪深在"敌伪时期"是抗日救亡演剧活动的领导者和推动者。

自日本投降后,张爱玲就一直处于挨骂的状态,她虽然识时务地不作回应,但并非真的毁誉由人、完全置身事外,所以她借1946年11月出版《传奇》增订本的机会,写了篇《有几句话同读者说》的序言以辩白。而辩白斤斤于枝叶,显得无力,并不足以澄清一切。也许就是因此吃堑长智,当她面对人们由《太太万岁》而生的批评甚至诟詈时,便彻底地一仍其贯,再不做任何回应。而《太太万岁》的热映,观众的认可与喜爱,也多少遮蔽甚至淹没了那些反面的声音,而她是最看重读者与观众的。

就像歌德由《少年维特之烦恼》得到了解脱,张爱玲也似乎从《不了情》与《太太万岁》中寻求了解脱,张爱玲的心空有点放晴了。也是自尊心被伤透了,如同她4年前在《洋人看京戏及其他》一文中写到的:"无条件的爱是可钦佩的——唯一的危险就是:迟早理想要撞着了现实,每每使他们倒抽一口凉气,把心渐渐冷了。"这时的她也似乎会想到要像她所理解的高更名画《永远不再》中的那位塔希提女子那样,在"永远不再"之后,心里只留下"没有一点渣滓的悲哀,因为明净,是心平气和的"。于是她将这两部电影剧本的稿酬共三十万块法币,附在信里寄给了胡兰成,与他断然分手。

1948年的张爱玲显然心情好起来了,桑弧、龚之方等人成了她公寓里的常客，与胡兰成分手时自称从此"将只是萎谢了"的她，这时在龚之方的印象里，竟变成了一个合群的、"喜欢与人聊天""对朋友的态度热情"的张爱玲，又恢复为那个听到好笑的故事会张口大笑的张爱玲了①。在《太太万岁》大获成功之后，桑弧又与张爱玲商量，打算将她的长篇小说《金锁记》搬上银幕，张爱玲自然欣然从命。《金锁记》的故事与《倾城之恋》一样，在张爱玲也是"烂熟的"，何况她又有了编《不了情》与《太太万岁》的经验，故而也一蹴而就，但变成电影并不顺利。物色主角曹七巧的扮演者颇费了一番周折，先是遍寻不着，后来看中了张瑞芳，可张瑞芳以肺结核并发结核性腹膜炎正卧床疗养而辞演。那时的社会正处于翻天覆地的前夜，该剧以不合时代洪流等原因，终告无果。

《金锁记》计划的搁浅，并没有影响张桑二人的继续合作。桑弧本来就是一个不仅能"拍"而且善"写"的导演，早在1935年，他就在周信芳与朱石麟两位艺术家的提携下尝试文艺写作，在拍《不了情》之前，就创作有《灵与肉》《洞房花烛夜》《人约黄昏后》《教师万岁》《人海双珠》等电影剧本；在《不了情》与《太太万岁》之间，他还编了剧本《假凤虚凰》（由黄佐临导演拍成电影后，也引发了一场社会风波②）。所以张桑二人的合作能够成功，至少部分原因是桑弧懂得写作、彼此容易沟通与理解。

张桑的再次合作是电影《哀乐中年》，可是拍是桑弧拍的，写也是桑弧写的，张爱玲只是以顾问的身份参与其间，拿了些剧本费，但影片上不具名。"哀乐中年"的名字有可能是张爱玲起的，她在《〈太太万岁〉题记》中有言："所谓'哀乐中年'，大概那意思就是他们的欢乐里面永远夹杂着一丝辛酸，他们的悲哀也不是完全没有安慰的。"而"太太万

① 张爱玲之开口大笑也是有出处的。胡兰成在《今生今世》中写张爱玲："她母亲教她如何巧笑，爱玲却不笑则已，一笑即张开嘴大笑"；张爱玲在《笑纹》中写她1970年在台湾《皇冠》杂志上看到一则笑话，结果"大笑不止，笑得直不起腰来"。

② 《假凤虚凰》写了一个穷寡妇冒充华侨富商女儿在报上征婚，有个理发师受人唆使，带了另一个同事冒充企业老总应征而出尽洋相的故事，理发业公会认为影片侮辱了理发师，鼓动了几百人包围大光明戏院，阻止观众入场，纠纷几经波折，经多方调解，又将影片删去几个镜头方才平息，而饰演理发师的石挥竟因此有两三年不敢到理发店理发，而由文华公司化妆师剃头。

岁"的名字也可能是张爱玲受了桑弧"教师万岁"的启发,虽然后者是歌颂教师的正剧,前者则是调侃太太的喜剧,此"万岁"非彼"万岁"。

当时桑弧尚未娶妻,眼见他与张爱玲屡番默契的合作及合作的成功,上海小报开始制造新闻了,桑弧周围的朋友也在想:"张爱玲与桑弧不是天生的一对吗?"可是大家都知道桑弧是个内向、拘谨的人,虽然因了编剧本拍电影的事与张爱玲交往频繁,但在一起也只谈"正事",不扯私情,所以他们两人要好,必先取得张爱玲首肯。龚之方于是有天自告奋勇,抱着成人之美之心去见张爱玲,婉陈来意。张爱玲的回答如同电影里的一个场景,比《不了情》里的任何镜头都更催人泪下。龚之方在事过50年后回忆道:"她的回答不是语言,只对我摇头、再摇头和三摇头,意思是叫我不要再说下去了。"

龚之方此番前去"提亲",实在是莽撞有余,而了解情况不够。对张爱玲,他是连她与胡兰成的事都不大清楚,张爱玲此时是否心伤已愈,是否冷心复苏也不晓得,而桑弧那边也有障碍——桑弧十多岁时父母俱丧,是由大哥抚养大的,因此很听大哥的话。而大哥觉得写作不是一个稳当的职业,同时也可能听说了张爱玲与胡兰成的以往,故而不同意。

《哀乐中年》上映不久,上海就解放了,张爱玲在大陆的电影创作也就此告终。蛰伏了差不多10个月后,她才又在《亦报》上连载长篇小说《十八春》,总是与声名之累不无关系,连署名都改用了笔名"梁京"。

《十八春》共23万字,写的是一对要好的同学沈世钧和许叔惠。叔惠先毕业进了一家工厂，等世钧毕业时便介绍他到这家工厂来实习，春节假期他俩在一家饭铺与同事顾曼桢小姐邂逅，慢慢地，世钧与曼桢成为一对恋人。曼桢14岁丧父，一家大小生活的重担便落在她姐姐曼璐肩上，曼璐做了舞女，又"蜕变为一个二路交际花"，后来嫁给了一个乡下有老婆的客人祝鸿才。祝鸿才在交易所里做事，投机发了财后便不安于家。曼璐想用孩子拴住他，可她自己不能生，又看见祝鸿才对二妹曼桢有意，便佯称生病，叫曼桢到她家里来照顾她，使祝鸿才有机会在一天夜里强奸了曼桢，并且随即将曼桢囚禁起来，一边又借助曼桢与世钧的误会拆散了他俩。曼桢由受辱而怀孕，在医院分娩后，在邻床产妇的帮助下只身逃出了曼璐的控制，待她打听到世钧的消息，却得知他已经结婚了。后来曼璐得肠痨死了，之前半月她来找曼桢，希望她为了孩子嫁给祝鸿才，被曼桢拒绝。但曼桢却也在母性的作用下，心里总放不下那孩子。有回孩子得了猩红热，曼桢忍不住到鸿才的家里去照顾小孩，这样就又与鸿才见面了。鸿才在她面前表现得颇拘谨，曼璐曾经一再对她说过的话占了上风，曼璐说，鸿才始终是非常敬爱曼桢的，甚至那夜的犯罪也是在爱她爱得太厉害而神志不清的情况下发生的。曼桢又想到孩子，于是嫁给了鸿才。婚后感情当然不会好，后来又离婚了。等到曼桢与世钧再次见面，已是在他们初次相识后的第十八年了。他俩坐在一个广东小吃店里，倾诉遭遇，互诉衷肠，终于明白了彼此的心迹，虽然已经迟了，但两人还是得到了"一种凄凉的满足"。

在《十八春》开始连载的前一天，桑弧用笔名"叔红"（《十八春》里有个叔惠，桑弧却用叔红，像是兄弟俩或兄妹俩）在《亦报》上写了篇《推荐梁京的小说》，篇幅不长而内容不薄，不妨照录于此：

一向喜欢读梁京的小说和散文，但最近几年中，却没有看见他写东西。我知道他并没有放弃写作的意念，也许他觉得以前写得太多了，好像一个跋涉山路的人，他是需要在半山的凉亭里歇一歇脚，喝一口水，在石条凳上躺一会儿。一方面可以整顿疲惫的身心，一方面也给自己一个回顾和思索的机会。

梁京不但具有卓越的才华，他的写作态度的一丝不苟，也是不可多得的。在风格上，他的小说和散文都有他独特的面目。他即使描写人生最暗淡的场面，也仍使读者感觉他所用的是明艳的油彩。因此也有他的缺点，就是有时觉得他的文采过分秾丽了。这虽然和堆砌不同，但笔端太绚烂了，容易使读者沉溺在他所创造的光与色之中，而滋生疲倦的感觉。梁京自己也明白这一点，并且为此苦恼着。

就一个文学工作者说，某一时期的停顿写作是有益的，这会影响其作风的转变。我读梁京新近所写的《十八春》，仿佛觉得他是在变了。我觉得他仍保持原有的明艳的色调。同时，在思想感情上，他也显出比从前沉着而安稳，这是他的可喜进步。

我虔诚地向《亦报》的读者推荐《十八春》，并且为梁京庆贺他的创作生活的再出发。

"一向喜欢读梁京"，透露了作者与梁京即便不是多年的朋友至少也是长期"私淑"；"并且为此苦恼着"，既是可以诉苦的朋友，自然不在泛泛之列；张爱玲停笔未必是她自身的原因，而桑弧说她"并没有放弃……""也许……"云云，其中更多可见对她的爱护与安慰；《十八春》虽然是边写边载的，但也不至于每天只写一天刊载的量，尤其是最初，想必是写了相当部分，所以桑弧才能得以先读。当然也很可能桑弧的"读"用的是耳朵——听张爱玲谈《十八春》的构思，由此也可见两人的关系。

畅销书作家徐訏1943—1944年间，在《扫荡报》上连载中美日三方谍报斗争于上海孤岛题材的长篇小说《风萧萧》时，重庆渡江轮渡上，几乎人手一纸。相比之下，《十八春》的畅销情形是有过之而无不及。张爱玲深谙读者心理，早在抗战后期所写的一篇散文《论写作》中对此就有不少精辟的论述，其中秘诀之一是"说人家要听的"，而读者要听的并非越秽亵越好，也非香艳热情的，"而是那温婉、感伤，小市民道德的爱情故事"。《十八春》就是这样的一个故事。而中国读者可能是因为普遍文化偏低的缘故而使得理性较差，往往分不清戏里戏外，一部《红楼梦》，就不知有多少人以林黛玉自怜，以贾宝玉自况；也有女读者哭着找上张爱玲的门上去的，说曼桢的故事写的就是她的经历。而"有文化"之如周作人虽然也把《十八春》读得入心入脑，在他的散文中屡屡提及，可是他却不入迷，他说："我看《十八春》对于曼桢却不怎么关情，因为我知道那是假的。"

可是无数读者读《十八春》读得如醉如痴，对于小说人物也就真假不辨了。当读到曼桢被姐夫污辱之后，大家无不义愤填膺，一方面为曼桢一掬同情之泪，一方面狠命诅咒曼璐和鸿才。甚至有很多读者写信给张爱玲，认为非把这一对狗男女枪毙不可，同时也吁请作者不要让曼桢的悲剧再发展下去。

那时《十八春》已在报上连载了将近半年，有天桑弧去见张爱玲。张爱玲指着桌上的一些读者来信对他说，她没有想到读者竟这样关心她小说里的人物的遭遇。这使她高兴，但也使她惶恐，因为她担心人们对她有一种误解，以为她故意把曼桢陷入最悲惨的境遇，用廉价的手法骗取好心肠的读者的眼泪。桑弧道："一般读者似乎对曼璐更比对祝鸿才来得憎恨，因为鸿才的卑鄙无耻原在意中，然而人们对于曼璐的陷害同胞的曼桢，总觉得毒辣过分，不知你自己以为如何？"张爱玲道：如果读者读到曼桢被辱的一章而有一种突兀或不近人情的感觉，那是她写作技术上的失败。但是她仍要说，曼璐这一典型，并不是她凭空虚构的鬼怪。与其说曼璐居心可诛，毋宁说她也是一个旧社会的牺牲者。她自己不懂得劳动，她在风尘中拣上了祝鸿才而企图托以终身。一旦色衰爱弛，求生的本能逼使她不择手段地牺牲了曼桢，希望借此拴住鸿才的心。当然，曼璐为了慕瑾，对曼桢也有一些误会和负气的成分，但曼璐的陷害曼桢，

旧上海"大廉价"幡旗高挑远处有轨电车驶来的街道

最主要的理由还是应该从社会的或经济的根源去探索的。这并不是说曼璐的行径是可以宽恕的，但旧社会既然蕴藏着产生曼璐这样人物的条件，因此最应该诅咒的还是那个不合理的社会制度。

桑弧在《亦报》上将与张爱玲所谈的这些话发表出来，在文章的最后写道："我要泄露一个'天机'，就是曼桢最后的结局并不是很悲惨的。事实上，不但读者希望她坚强地活下去，作者也没有权力使一个纯良的女性在十八年后的今天的新社会里继续受难。"

《十八春》果然有了一个光明的尾巴，原因自然是读者有此愿望、作者无彼权力，而桑弧文中已经提到的"新社会"对曼桢"继续受难"的不允许，恐怕才是更重要的缘故。

张爱玲写《十八春》时年龄已经三十出头，桑弧比她还大四岁，想必他家里早就劝他成婚了，尤其是在得知他有与张爱玲好的危险的情况下，催促得可能会更紧吧？张爱玲的作品向来不是近乎谶语就是折射她的现实生活，《十八春》说的其实就是一个有情人难成眷属的故事，尽管书中人物命运与她和桑弧的缘故不同。《十八春》连载完了，她与他的友情也定了格——就在这一年，桑弧与一位圈外女士戴琪结了婚。后来张爱玲又在《亦报》上连载长篇小说《小艾》，就再也不见桑弧的评介文章了。1952年7月，张爱玲离开上海，往香港去了。从此他俩再也没有见过面。

1995年3月，桑弧在《当代电影》杂志上连载回忆录《回顾我的从影道路》,其中写到他拍《不了情》《太太万岁》及《哀乐中年》,前两部片子只提及影片是张爱玲编剧,后一部片子只字未提张爱玲曾参与剧本,对两人在几部片子编导过程中的合作与切磋情形也不着一字,倒是顾左右而言他,对如何选黄佐临女儿作小演员等津津乐道。

桑弧如此,也未必是对张爱玲一点不记前情,而以他的年龄、性格、经历、家庭及社会处境,倒很有可能是有意避嫌,也不愿再有任何风波,更对媒体或好事者炒作他与张爱玲有一种深深的防范。

在回忆录末尾,桑弧特地提及相濡以沫的夫人,向夫人40年来对他事业的支持及生活的鼓励表示深深的感激。可见他夫妻感情很好,也证明桑弧是个好丈夫。从张爱玲所选的两任丈夫来看,都不是桑弧型的,胡兰成不必说了,赖雅早年也是一位玩家,张爱玲择偶倒是符合"男人不坏,女人不爱"的模式,所以单由此来看,张爱玲未与桑弧恋爱也不奇怪。

就在桑弧的回忆录连载到第三期的时候,大洋彼岸传来张爱玲逝世的消息。这个噩耗曾否在桑弧心中荡起涟漪,他曾否午夜梦回,无人知晓;桑弧回忆录的第一期里就写到了张爱玲,尽管是一笔带过。张爱玲要是消息灵通,从时间上来讲,是可以读得到的,只是读到读不到,借用她在《十八春》里写曼桢与世钧重逢时的一句话:"也没有多大分别了。"

晚年张爱玲深居简出,极力躲避公众视线,至于原因,她在《续集·自序》里夫子自道:"我是名演员嘉宝的信徒,几十年来她利用化妆和演技在纽约隐居,很少为人识破,因为一生信奉'我要单独生活'的原则。"

第三章

感情的公式

戏 剧 篇

历代传下来的老戏给我们许多感情的公式，把我们实际生活里复杂的情绪排入公式里。
——张爱玲《洋人看京戏及其他》

京剧兴趣盎然

张爱玲在散文《洋人看京戏及其他》里归纳了中国具有代表性的俗常的生活场景:"……头上搭了竹竿,晾着小孩的开裆裤;柜台上的玻璃缸中盛着'参须露酒';这一家的扩音机里唱着梅兰芳;那一家的无线电里卖着癞疥疮药;走到'太白遗风'的打牌底下打点料酒……这都是中国。"

有意味的是,多年以前,鲁迅就曾批评梅兰芳被他身边一批士大夫"从俗众中提出"变成了"紫檀架子";说他的戏高雅得脱离了大众,"雅是雅了,但多数人看不懂,不要看,还觉得自己不配看了"。而从张爱玲笔下看来,梅兰芳并没有被士大夫罩进了鲁迅形容的"玻璃罩",他仍然是"俗人的宠儿"。①

① 鲁迅:《略论梅兰芳及其他》。

张爱玲在《洋人看京戏及其他》一文中提到几出京剧,多是流传甚广,百姓耳熟能详、津津乐道的老戏,这些老戏自然最能反映中国人的人性和民族心理,张爱玲所以选它们。而她又别具只眼,在观众司空见惯的事物中常常看出另一面,或轻易颠覆众人对剧中人物的定评。

张爱玲写道:"……先谈谈话剧里的平剧吧。《秋海棠》一剧风魔了全上海,不能不归功于故事里京戏气氛的浓。紧跟着《秋海棠》空前的成功,同时有五六出话剧以平剧的穿插为号召。中国的写实派新戏剧自从它的产生到如今,始终是站在平剧的对面的,可是第一出深入民间的话剧之所以得人心,却是借重了平剧——这现象委实使人吃惊。"

张爱玲对于话剧借重京剧而风靡上海感到吃惊,这可能是她对于中国话剧史的演进与京剧的发展史了解得不够造成的。话剧是"舶来品",自从它被引进国内以来,与戏曲相互借用的例子并不罕见。在中国话剧的幼稚期,对传统戏曲甚至有所依赖,比如"出将入相"的门帘、上场时念的"上场诗"及通报姓名等戏曲套数就常被话剧借用。由李叔同与人发起的话剧社团"春柳社",是早期话剧的重要社团。1919年,它的一位社员吴我尊根据"霸王别姬"的历史传说创作了二幕话剧《乌江》,他在剧本之后所附的《演〈乌江〉脚本者注意》中,就建议用传统戏曲的音乐舞蹈来强化演出效果。与此同时,伴随着传统京剧改革的呼声甚嚣尘上,京剧界也开始从题材、服装、场景、舞美以及演员念白等方面,广泛借用话剧形式。梅兰芳就编演了许多掺杂了话剧元素的"时装新京戏",有反映要求推翻清王朝统治的《玫瑰花》、歌颂革命志士的《秋瑾》、表现富国强兵抵抗外侮愿望的《新茶花》等。所以在那时,话剧与京剧彼此关系的状况不仅不是对立的,反倒像惺惺相惜、相见恨晚似的,呈现一种迫不及待的饥不择食的相互学习、相互借鉴的局面,甚至严重到你中有我、我中有你的地步。

至于"五四"时期,由胡适、陈独秀、周作人等人,在《新青年》杂志上撰文,批判旧戏,推崇话剧,后来所谓《新青年》派中有观点激进到主张废除京剧,引进社会广泛反响,赞成的,反对的,调和的,各种观点的激烈交锋,有如刘半农在《我之文学改良观》中骂旧戏的"多人乱打"。可是这种交锋,基本还是局限在理论界,对于话剧与京剧实践虽有影响，却并没有使相对稚嫩弱小的话剧，膨胀为可以挤压京剧生存空间的巨兽，更没能打乱京剧正常发展的脚步。

《秋海棠》本是上海作家秦瘦鸥根据 20 年代发生于天津的一桩社会大事件写成的一部长篇小说。

1927 年初，直隶督办褚玉璞耳闻不久前来天津新明大戏院演出的上海新舞台京剧艺人刘汉臣、高三奎在天津期间与他的宠妾有染，恼怒异常，听说刘高二人正在北京演出，竟派兵进京，将二人抓回天津。梨园界多人为二人求情均遭拒绝，戏班方面甚至找到梅兰芳转请张学良讲情。褚玉璞原系山东土匪，后虽随张宗昌投靠奉系李景林部，组成直鲁联军，到底不是张作霖嫡系，对张学良之劝一边假意听从，一边却对刘高二人以"假演戏之名，宣传赤化"之罪，连夜（1 月 18 日）枪杀。刑前还用刀割脸以泄愤。此事轰动津门，并迅速传遍全国，各种传媒更是争相报道事情经过，引起国人极大愤慨。

1940 年秋，周瘦鹃在上海主持《申报》长篇小说连载，想起老友秦瘦鸥手头有 3 部小说要写，便向其约稿。不久，秦氏即将 3 部小说的提纲奉上，周瘦鹃看中了其中一部以刘、高被杀事件为素材的社会言情小说，这就是《秋海棠》。

十多年前，当褚玉璞草菅人命事件传得沸沸扬扬之时，作家秦瘦鸥做了个有心人，产生了将此事改编为一部小说的想法，为此他多方搜集有关报道，并于 30 年代初，利用客居北平之便，多次到天津实地采访，甚至物色好了标致女子作模特儿。

《秋海棠》于1941年初在《申报》副刊《春秋》上连载，尚未刊完，便引起热烈反响。影剧界人士纷纷找来，欲将其搬上舞台与银幕。不久，天津、广东、山西、汉口等地话剧、沪剧、越剧、粤剧、晋剧、文明戏等形式的《秋海棠》如雨后春笋，随后又拍摄上映了同名电影（1943年出品，秦瘦鸥编剧，马徐维邦导演，李丽华、吕玉堃、仇铨主演），更增加了《秋海棠》的热度。舞台与银幕之热又带动了图书销售，一时间，《秋海棠》的各种续本也纷纷出版，甚至连周瘦鹃也不忍技痒，写了部《新秋海棠》。但其间最轰动一时的，还是秦瘦鸥亲自执笔改编的话剧《秋海棠》。张爱玲所指，应即是它。

那是1942年，秦瘦鸥应上海"苦干剧团"导演黄佐临之约，将其改为3幕话剧。由当时话剧界的重量级人物费穆、顾仲彝、黄佐监各导一幕，于同年12月24日公演于上海卡尔登戏院。该剧连演5个多月，长盛不衰，破了卖座纪录。张爱玲说"风魔了全上海"，并不是过誉之词。

《秋海棠》一剧的成功有多方面的原因，比如直隶督办虐杀艺人的巨大社会反响，《秋海棠》小说的成功，以及电影和诸多剧种的广泛影响等，另外像演员的出色表演，比如曾获"话剧皇帝"称号的石挥的表演，也是原因之一。电影表演艺术家赵丹开始由《秋海棠》的题材以为那不过是投小市民所好的鸳鸯蝴蝶派的一出庸俗的剧作，可观剧之后，看法大变，尤其是石挥的表演，他"感到这不是鸳鸯蝴蝶派，而是契诃夫式的

《天鹅哀歌》，带有契诃夫的哲学味道。"

只不过这些原因，多为一般人所认识，而张爱玲却洞见到另外的方面，如话剧与京剧的关系。《秋海棠》一剧的成功的确很有可能是"京戏气氛的浓"，因为它本来就是一出"话剧里的平剧"。仅从编演人员的戏曲素养来看，《秋海棠》剧的京剧气氛浓也并不奇怪。编剧秦瘦鸥受祖父影响，酷爱昆曲、京剧等戏曲艺术，及年稍长，又与故乡草台班戏曲艺人多有往来，深谙个中三昧；主演石挥练过身段，学过武打，平常喜操胡琴，生、旦、净、丑都能来两下，为饰演唱花旦的秋海棠，他还向梅兰芳求教，"偷学"程砚秋的小动作。由此看来，《秋海棠》剧京戏气氛的浓厚部分是由演员对京剧的痴迷带来的。

别具只眼

张爱玲对京剧的见识是作家的见识，不仅为普通观众所无，也为京剧行当中人所无。张爱玲对京剧独特的见解，似乎证实了"见多识广"那句话，她张口"最流行的几十出京戏"仿佛表明她看过不少京戏剧目。她写道："最流行的几十出京戏，每一出都供给了我们一个没有时间性质的，标准的形势——丈人嫌贫爱富，子弟不上进，家族之爱与性爱的冲突——《得意缘》《龙凤呈祥》《四郎探母》都可以归入最后的例子，出力地证实了'女生外向'那句话。"

《得意缘》又名《雌雄镖》《星沙驿》《风火岩》等。故事说的是山东人卢昆杰奉母命到四川投奔母舅督抚徐世忠不遇，因盘缠用尽，难以返家，遂靠卖艺糊口。风火岩山大王狄龙康见卢相貌堂堂，有意招为女婿，于是将他带上山来。卢婚后思念母亲，欲与妻子狄云鸾同返，但山规只许入不许出，夫妻于是硬闯寨口，最终被祖母挡住去路，云鸾掩护丈夫逃跑，而独自向祖母苦苦哀求，祖母终于心软，放二人下山。

《龙凤呈祥》系《美人计》与《甘露寺》连演，故事取材于传奇《锦囊记》及《三国演义》刘备丧妻中，诸葛亮用锦囊妙计，使周瑜赔了夫人又折兵的一段。

四大名旦之一的尚小云在《四郎探母》中饰铁镜公主的扮相

《四郎探母》的故事与《杨家将演义》第41回类同，说的是杨四郎被辽邦擒获后，与辽邦铁镜公主成婚。当辽宋战事又起，佘太君亲征。四郎思念母亲，在公主的帮助下私自出关，来到宋营，与母亲兄弟相会，随后返回辽邦，事被萧后得知，几乎被斩，被公主求情救下。

这3部戏都写了夫妻之爱亦即张爱玲所说的"性爱"与别的爱的冲突，《得意缘》《四郎探母》的确是夫妻之爱与母子之爱亦即张爱玲所谓"家族之爱"的冲突,但《龙凤呈祥》却似乎不是这二者的冲突——刘备之所以要在诸葛亮的锦囊妙计下逃回荆州,似乎并不是为了天伦之情与乐。

《红鬃烈马》是京剧传统剧目,剧名又称《王宝钏》。说的是大唐丞相的女儿王宝钏爱上有志有才有貌却无钱的薛平贵,遭到父亲的反对,离家与薛共同生活。适逢西凉来犯,唐王在全国招募人才组建讨伐大军,薛平贵应招被唐王封为将军。王丞相想叫薛平贵死于战场,使他充任"马前先锋"。薛平贵到寒窑与王宝钏告别后赴军。在军中,薛平贵被王丞相的亲信、副统帅魏虎用酒灌醉,绑在马上送交西凉大营,想叫他落个投敌叛国的罪名。之前薛平贵与西凉公主代战曾有一战,代战对薛心生

四大名旦之一的尚小云在《红鬃烈马·银空山》中饰代战公主

第三章 感情的公式——戏剧篇　　107

恻隐，西凉王因而不仅未杀薛平贵，反招为驸马。18年后，已经继位做了凉王的薛平贵忽然想起王宝钏，于是在一天夜里与代战不告而别，骑着红鬃烈马独自来到武家坡，假扮成一个军人，百般挑逗王宝钏，试其贞节，后才以夫妻相见，并以西凉王的名义封王宝钏为正宫娘娘。夫妻来到丞相府，要揪魏虎去见唐王，王丞相眼见阴谋要败露，于是造反，废唐王而篡位。在代战率领的西凉人马增援下，薛平贵主持平息了叛乱，坐上王位。王宝钏与代战相见，彼此情同姐妹，都不肯做正宫娘娘。薛平贵赐给二人各一对龙凤宝剑，允诺三人共同掌管天下。

张爱玲却觉得："《红鬃烈马》无微不至地描写了男性的自私。薛平贵致力于他的事业十八年，泰然地将他的夫人搁在寒窑里像冰箱里的一尾鱼。有这么一天，他突然不放心起来，星夜赶回家去。她的一生的最美好的年光已经被贫穷与一个社会叛徒的寂寞给作践完了，然而他以为团圆的快乐足够抵偿了以前的一切。他不给她设身处地想一想——他封了她做皇后，在代战公主的领土里做皇后！在一个年轻的、当权的妾的手里讨生活！难怪她封了皇后之后十八天就死了——她没这福分。可是薛平贵虽对女人不甚体谅，依旧被写成一个好人。"张爱玲在此批评的只是自私的男性，而不是批评这出戏。因为这出戏"浑朴含蓄"地"描写了"男性的自私，并没有"赞美"男性的这种行为。因此她认为这是"京戏的可爱"的地方。

> 《乌盆计》叙说一个被谋杀了的鬼魂被幽禁在一只用作便桶的乌盆里。西方人绝对不能了解，怎么这种污秽可笑的，提也不能提的事竟与崇高的悲剧成分掺杂在一起——除非编戏的与看戏的全都属于

梅兰芳在《武家坡》中饰王宝钏,与饰薛平贵的杨宝森对戏

一个不懂幽默的民族。那是因为中国人对于生理作用向抱爽直态度,没有什么不健康的忌讳,所以乌盆里的灵魂所受的苦难,中国人对之只有恐怖,没有憎嫌与嘲讪。

《乌盆计》是谭派名剧,又名《奇冤报》《定远县》,故事见于元杂剧《玎玎珰珰盆儿鬼》、明传奇《断乌盆》《三侠五义》第五回《包公奇案——乌盆子》等。除了京剧外,还有七八个剧种都有此剧目。京剧《乌盆计》说的是南阳绸缎商人刘世昌在外结完账后偕仆人回家,路经定远县时遇雨,于是借宿窑户赵大家。赵夫妇见财起意,用毒酒害死了刘世昌主仆二人,碎尸后与陶土拌和,烧制成乌盆。世昌的鬼魂向赵大供奉家中的判官钟馗诉冤,钟馗表示愿做他的证人。鞋工张别古向赵大要债,赵大以乌盆相抵。别古将乌盆带回家中,听了世昌冤魂的诉说,于是携乌盆到定远县衙门,向知县包拯告状。包拯听了世昌的诉说,即

第三章 感情的公式——戏剧篇　　109

刻提审赵大夫妇,并将赵大杖毙。

张爱玲提到京剧《乌龙院》。《乌龙院》的本事略见于《水浒传》及《水浒记》传奇中宋江与阎惜姣一节。《乌龙院》实际上有两个概念,一是指全本的《宋江杀惜》,包括《乌龙院》《刘唐下书》《坐楼杀惜》3个折子戏,这3个折子戏也时常单演;二即指单演的《乌龙院》,又名《宋江闹院》。显然张爱玲所指的不是全本,而是单演的《乌龙院》。其剧情为:

> 逃难来郓城的阎某去世,宋江慷慨解囊,为其安葬。阎某的妻子将女儿阎惜姣许给宋江为妾,宋江兴建乌龙院给阎氏母女居住,后隐约听说惜姣与他同衙门的文书张文远私通,有天到乌龙院来,惜姣故意怠慢他,两人发生口角,宋江愤而离去。

在一般观众眼里,《乌龙院》不过是一出女人恩将仇报的戏。张爱玲却看出盖世英雄的宋江偏偏被女人鄙夷着的痛苦,她认为其原因是女人除了要钱以外,更要爱,而宋江只会给钱。张爱玲举出剧中人物的几句对话:

> 生:"手拿何物?"
>
> 旦:"你的帽子。"
>
> 生:"嗳,分明是一只鞋,怎么是帽儿?"

旦："知道你还问！"

观众对此一般只会当作寻常的妻子抢白丈夫，或者戏中的插科打诨，张爱玲却认为它包含了"最可悲"的他爱她而她不爱他的成分，其打量人性的眼光的确较之常人更"入骨"一些。

但仔细想来，张爱玲的理解似乎也并非毫无破绽。宋江与惜姣，未必存在前者对后者的"单恋"，也就是说，宋江到底爱不爱惜姣，其实也是个问题。惜姣嫁宋江，本是阎妻对宋江感恩及图养老而"执意"的结果；惜姣红杏出墙，至少部分原因是宋江冷落了她的结果；宋江微闻妻子不贞的传言而至乌龙院，只有为夫的正常反应，并无更多"爱付流水"的伤心。所以这一对夫妻自始至终对彼此都没有多少爱心，曾经有的只是好意，而这好意也很快因外来的爱而被削灭了。

由此看来，张爱玲对男性心理的把握也有失准的时候。所以她的两次婚姻均告不幸，而她都是"吃亏"的一方。

外行看门道

张爱玲文中提到《纺棉花》及《新纺棉花》两出戏。前者剧情为，银匠张三取妻3天便外出做生意，一走3年，音信皆无。妻子王氏去年生了一个儿子，平常以纺棉花度日。这天天气晴和，她又纺起棉花来，一时高兴，便唱小曲以自遣。恰好张三结清账回家，在门外聆听妻子小唱，又扔银子过墙，冒充别人，以此试探妻子。王氏接到银子，心有所动，开门来见扔银子的人，没想到就是张三，夫妻俩于是半真半假，欢喜团圆。原戏还有奸杀、王氏出轨等情节，但在张爱玲所看到的《纺棉花》中已经截掉了。

《纺棉花》只有旦丑两个主要角色，原为清末民初以戏中串戏、插科打诨取胜的时装小戏。有意思的是40年代搬演时又火了一把，演《纺棉花》的旦角很多，梅兰芳的学生言慧珠和童芷苓都饰演过，虽然据40年代后期主编上海《艺文画报》、与梅兰芳有很多交往的刘龙光说梅兰芳曾不准言慧珠上演《纺棉花》。

在20世纪40年代的京剧舞台上大受观众欢迎的《纺棉花》，可以说是京剧不景气的时代里的一个亮点，也可以说是京剧艺术的悲哀。思想开放的人看见《纺棉花》敢于出新、善于借用时新元素、强调艺术的娱乐性以增强舞台吸引力的勇气；艺术态度严肃的人则视《纺棉花》为歪门邪道，道德感强的人更斥《纺棉花》为低级趣味，骂得狠的也有直称其为"下流淫荡戏"的。而这几种人在戏中都不难找到支持自己观点的佐证。

比如，《纺棉花》角色身着时髦旗袍，或演唱《四季相思》《九连环》《十八摸》《大沽调》等小调，或学唱四大名旦唱段，或兼唱《二进宫》诸角色，甚至将议论社会新闻编进唱词，总之随心所欲，花样百出。

《纺棉花》戏开始，王氏这样介绍未归的丈夫："是个小买卖人，也不是铜匠，也不是铁匠。是他妈个银匠。"王氏纺棉花，幼儿啼哭，王氏哄不住，心中烦躁而骂："你哭你哭，滚你妈的蛋！"这种粗俗的语言，在戏中不时出现。整部戏除了一首接一首的唱曲，就是夫妻俩隔墙调情，说一些暧昧挑逗甚至粗鄙的话。戏的最后一段是这样的：

张三（白）：我问你，我去了三年，家里头谁照应的？

王氏（白）：照应我的人多得很，上上下下都是的。

张三（白）：有这么些人来，这屋里头挤不下，你到底有个准的？

王氏（白）：准的有一个。

张三（白）：在哪里？

王氏（白）：你顺着我手看，就是那个戴金丝眼镜的！

张三（白）：对不住，对不住！我的家主婆承你照应，明朝请你"一枝香"吃大菜！得罪，得罪！

京剧中这类远归丈夫试妻的戏不少，像《武家坡》《汾河湾》《桑园会》都是，但情节较为"正经"，角色以老生与正旦应工，不像《纺棉花》是小丑与花旦。且旦角均为贞妇烈女，守身如玉，固然符合主流社会道德规范，较之王氏，却也少了人性，只不过《纺棉花》中的人性，被它的格调稀释了。与《纺棉花》相近的戏，有一出《小上坟》，也被视为"淫戏"，也如同张爱玲给《纺棉花》下的评语，被说为"近于杂耍"，出演的也同样是小丑与花旦。戏的末尾一段与《纺棉花》更是如出一辙：妻子被问及多年来被谁照应时，回答是："正厅上洋装打扮，戴金丝眼镜的，小白脸儿。"丈夫则冲着台下说："承蒙照应。明天请你坐汽车，吃大餐。"

《新纺棉花》是《纺棉花》中一幕的铺陈，形式上虽非完全迥异，毕竟内容上有所不同，可能是这个原因，它未遭受像《纺棉花》那样不堪的批评，反说它"内容接近民众生活，而且在表演上吸收了许多农家妇女劳动时的身段，唱腔中又吸收了一些民歌的唱法，使平剧别开生面"。

通常情况下，低级趣味是包含色情成分的，张爱玲却将后者从前者中离析出去。对于她所"提纯"后的文艺作品中的低级趣味，显然她并不是一味排斥的。原因有两个，一是她本不是道德感十分强烈的人；二是她认识到低级趣味的群众性——"在广大的人群中，低级趣味的存在是不可否认的事实"。而她不愿意自己的作品只限于小圈子里传观——"单靠一两个知音，你看我的，我看你的，究竟不行"。而想拥有广大的读者和观众——"文章是写给大家看的"。并且主张读者"要什么"，作者"就给他们什么"。而张爱玲给读者的，是软性刺激。其巧妙在于，既刺激了读者，又不会像苏青那样动辄被骂作"黄色女作家"。比如《倾城之恋》所给读者的刺激即是："书中人是先奸后娶呢？还是始乱终弃？"她深知"普通的读者最感到兴趣的恐怕是这一点"。

有着这样的写作观，所以张爱玲没有简单地给两出戏作是非评价，尤其没有给《纺棉花》下道德判词，只是平心地指出它艺术上的跑偏——"逸出平剧范围之外"，又注重从国民性上寻找它们受欢迎的原因，她总结出3条：一是幽默的无情，二是喜欢越轨，三是喜欢占他人小便宜。

其一是指《纺棉花》的题材本是奸杀罪案，派生出的《新纺棉花》却变成了喜剧，张爱玲由此认为"中国人的幽默是无情的"。意思无外乎有二：一是说国人幽默的彻底和单纯；二是说国人在笑声中丧失了恻隐和悲悯。

张爱玲虽然自称对京剧是外行，但实际并非一无所知，她看过一些京剧，对京剧有自己独特的认识和思想。比如她深知京剧的"规矩重""就连几件行头，那些个讲究，就够你研究一辈子"。所以一旦有机会稍稍坏一下规矩，国人精神上便得大愉悦，因而皆大欢喜了。

国人的爱占人小便宜，与喜欢越轨有相似的一面，都是为了心理上的满足，往往物质上并没有得到实惠。张爱玲借用市井语言"吃豆腐"来形容，颇为恰当："《纺棉花》成功了，因为它是迎合这种吃豆腐嗜好的第一出戏。张三盘问他的妻，谁是她的恋人。她向观众指了一指，他便向台下作揖谢道：'我出门的时候，内人多蒙照顾。'于是观众深深感动了。"

观众被感动的原因除了演员的奉承话中听以外，还有就是可以参与到戏剧中来，台上与台下的严格界线被打破。这一点张爱玲也已经提到了。

"空城计"有时是《失街亭》《空城计》《斩马谡》3个折子戏的统称,有时单指其中的一出折子戏,又名《抚琴退兵》。故事见《三国演义》。诸葛亮驻守空虚的西城,司马懿率大军来犯,诸葛亮见势不能敌,于是下令大开城门,自己在城上饮酒抚琴。司马懿生性多疑,又知诸葛亮素来谨慎,料必有诈,于是不战而退,轻易丧失了活捉诸葛亮的佳机。

"空城计"这著名故事给人的最深印象,通常是诸葛亮的大智大勇,张爱玲却又另有视角:"不知道人家看了《空城计》是否也像我似的只想掉眼泪。为老军们绝对信仰着的诸葛亮是古今中外罕见的一个完人。在这里,他已经将胡子忙白了。抛下卧龙冈的自在生涯出来干大事,为了'先帝爷'一点知己之恩的回忆,便舍命忘身地替阿斗争天下,他也背地里觉得不值得么?锣鼓喧天中,略有点凄寂的况味。"

张爱玲的注意力放在了对诸葛亮内心世界的探究上,为报先帝知遇之恩,忙白了胡子又历此大险,空城一计,事后固为笑谈,当时却有可能搭上老命,怕是诸葛亮想想也自后怕吧?这样为扶不起的阿斗去"舍命忘身",究竟值得不值得呢?反正张爱玲是觉得不值的,否则她不会感到他心里"略有点凄寂的况味";虽然他若不如此,张爱玲也可能不会说他是个完人。"完人"本是神性化的,在百姓的心目中,诸葛亮已然是神,至少如神——料事如神。而"凄寂"是人性化的,张爱玲在消解诸葛亮的神性。她是不喜欢不食人间烟火的神的,即便是神,也要是带有人性的神才可爱。

洋花栽入中国土里

外国戏剧中,张爱玲对于1936年曾获诺贝尔文学奖的美国戏剧家尤金·奥涅尔的《大神勃朗》(The Great God Brown)情有独钟,她在散文《谈女人》里,称《大神勃朗》是最使她感动的一出戏,她读了又读,读到三四遍的时候还是忍不住心酸泪落。《大神勃朗》写于1925年,是奥涅尔最具挑战性又引来怀疑目光的一部戏,是奥涅尔最抒情奔放的代表作,同时又是一部相当晦涩难懂的戏。奥涅尔的传记作者克罗斯维尔·鲍恩说,要完全读懂它,必须一读再读。不能猜想理解力过人的张爱玲是这个原因读三四遍的。《大神勃朗》写了合股开办一家建筑公司的两个家庭的两个儿子,安东尼和勃朗,与一位叫玛格丽特的姑娘的感情纠葛。玛格丽特与安东尼恋爱,勃朗却也爱着她。奥涅尔用一只面具来表现安东尼的多重性格。玛格丽特喜欢的是带了面具的安东尼,安东尼却只有在跟妓女赛贝尔在一起的时候才能把面具拿掉。戴恩死之前,将面具给了勃朗,以使玛格丽特爱上勃朗。可是勃朗却因被指称为戴恩的谋杀者而死于警察之手。戏的最后,玛格丽格吻着戴恩的面具说:"你将安息在我的心里。"

虽然《大神勃朗》的主题不明朗,内容艰深,观众常常为作者想要表达的意思煞费脑筋,但还是为其情节以及面具的新颖设置所吸引。有一个本来作为嘲笑《大神勃朗》的经典故事,用来形容这个矛盾现象倒颇贴切:

两个女店员去看《大神勃朗》，第 3 幕之后，一个说："哎哟，这戏可真太高深了，是吧？"另一个答道："是呀，不过仍旧很好看。"

该剧在纽约百老汇的各家戏院几乎不中断地连续上演了 8 个月，同时也得到了评论界的赏识。

张爱玲自称不信教，但她说："如果有这么一天我获得了信仰，大约信的就是奥涅尔《大神勃朗》一剧中的地母娘娘。"

惯写小说与散文的张爱玲，1944 年的最后一个月，在公众的视线里又有惊人之举，将她的小说《倾城之恋》改编成同名话剧，由著名导演朱端钧执导，名演员罗兰与舒适分别饰演白流苏与范柳原，在上海新光大戏院的舞台上，连演 80 场，打动了无数观众。

张爱玲在《走！走到楼上去》一文中提到她编过的一出同名戏，与话剧《倾城之恋》一样，这出戏也是经由柯灵提出修改意见的。戏的内容说的是有个人拖儿带女投奔亲戚，可是有天和亲戚闹翻了，他愤然跳起来道："我受不了这个，走！我们走！"一副很有骨气的样子。他的妻子不禁哀求道："走到哪儿去呢？"他把妻子聚在一起，道："走！走到楼上去！"原来如此。——开饭的时候，一声呼唤，他们就会下来的。

自 20 世纪 20 年代挪威剧作家易卜生的名剧《玩偶之家》进入中国后，娜拉离家出走以后的命运就成了中国人一直关心、探究、争论的问题。鲁迅还于 1923 年底在北京女子高等师范学校作了题为《娜拉走后怎样》

的演讲。娜拉走后怎样？鲁迅的推想是，娜拉只有两条路："不是堕落，就是回来。"

张爱玲编这出戏自然来自于"娜拉出走"的灵感。不过她已将题材大大地拓展了，不再局限于娜拉——没有经济地位的妇女。因为时代变了，妇女的经济地位问题固然没得到彻底解决，而男人们又何尝人人都能经济独立呢？对于同一题材的视角选择，显示出张爱玲写作的别具一格。众人说娜拉，都有一个前提，即娜拉已经出走，关注的是走后怎样。而张爱玲谈的却是娜拉往哪里走，能走多远。从她的笔下人物只从楼下走到楼上的寓意来看，人物其实根本没走——无处可走，相较于娜拉走后谋生（尽管也许不得不堕落），似乎更加悲哀。

题材很好，视角也很好，可惜张爱玲因无编剧经验，剧本的结构过于散漫，特别是高潮戏的最后一幕，大概是因主题意识过于明确，反倒是"完全不能用"。是柯灵"诲人不倦"地尽心尽力，张爱玲"学而不厌"，改了一次又一次，方才定稿，只是后来未见发表，也似乎不曾上演。

理性看待下里巴人

张爱玲在她的小说集《传奇》再版时，写了一篇《再版的话》，竟用了五分之三的篇幅来谈蹦蹦戏，非同寻常。已经有了30年后写《谈看书》时的不厌其详，只是没有《谈看书》的冗长枯燥：

在上海已经过了时的蹦蹦戏,我一直想去看一次,只是找不到适当的人一同去;对这种破烂,低级趣味的东西如此感到兴趣,都不好意思向人开口。直到最近才发现一位太太,她家里谁都不肯冒暑陪她去看朱宝霞,于是我们一块儿去了。拉胡琴的一开始调弦子,听着就有一种奇异的惨伤,风急天高的调子,夹着嘶嘶的嘎声。天地玄黄,宇宙洪荒,塞上的风,尖叫着为空虚所追赶,无处可停留。一个穿蓝布大褂的人敲着竹筒打拍子,辣手地:"伆!伆!伆!"索性站到台前,离观众近一点,故意压倒了歌者:"伆!克哇!克哇!"一下一下不容情地砸下来,我坐在第二排,震得头昏眼花,脑子里许多东西渐渐地都给砸了出来,剩下的只有最原始的。

蹦蹦戏是评剧的源头之一,"莲花落"的俗称。莲花落又称"莲花乐",由隋、唐时代佛教僧侣在民间宣讲佛经的唱导音乐《落花》《散花》等开始,一说最初是由乞丐沿街乞讨时演唱的歌曲,后经数朝演变,成为一种揉进民歌、说唱、歌舞、戏曲等元素的民间演唱形式。1934年2月25日的《北平老百姓日报》对蹦蹦戏有几句评论:"蹦蹦戏是不雅的、不美的,但是却能够受平民的欢迎。抢匪临上杀场,还得要唱两句白玉霜的句子,这是最接近民间的戏,文人所看不起的。"区区几句话,却告诉我们不少该戏当时的情况及处境,诸如所取的趣味路线,如何不拘形式,如何受百姓欢迎以及如何受文人轻视。

朱宝霞是最早的"评剧皇后",与苏青同庚,十多岁便已成名,曾被狗肉将军张宗昌一万大洋买作第21房姨太太,张被刺身亡后,又重新登台,20世纪30年代在上海演蹦蹦戏轰动一时。张爱玲偕别人太太去看戏时，蹦蹦戏已沦落了，这才被她斥为破烂与低级趣味，而那天去看的那出戏，应是朱宝霞的《井台会》。

张爱玲对小报的态度是一边笑骂一边爱不释手地读下去，张爱玲对蹦蹦戏近于她对小报的态度。

偏爱萧伯纳

张爱玲在她的散文里不时提到萧伯纳，可以想见主要是因为他是一个剧作家，而她对他的戏剧有不浅的印象；好像她在文章里不论说什么，说说就会说到萧伯纳，这又似乎表明她对他的兴趣不限于戏剧作品。胡兰成在《今生今世》里提到张爱玲对西洋现代文学作品"读得最多"，并且对作品中的人物、情节等等熟悉到可以随手拈来，其中就包括萧伯纳的作品。

张爱玲在《更衣记》里写到女人对衣裳的钟爱："再没有心肝的女子说起她'去年那件织锦缎夹袍'的时候，也是一往情深的。"想起萧伯纳对女人选择丈夫还不如选择帽子专注与

书房中的萧伯纳

慎重的抱怨,张爱玲脸上或许会泛起笑容来,因为她对女人的这个特性,与萧翁的非常不理解正相反,她是非常理解的,虽然坐实来看,一个女人对衣帽的嗜好不可能超过择夫。德国有一支民歌《妈妈,我有一个愿望》就可以作为注脚。妈妈问,你是要洋娃娃吗?是要金戒指吗?是要花衣裳吗?女儿都答不是。原来她只是在思春。

张爱玲在怀念她的童年及青少年时代的《私语》中,提到她父亲买的一本书,上面用英文题识:"天津,华北。一九二六。三十二号路六十一号。提摩太·C.张。"她不喜欢在书上题款这种习惯,也不喜欢她的父亲,却"很喜欢"这本书上的这几行字,因为它使她想起了她童年的天津的家。这本书便是萧伯纳的剧作《伤心之家》(The Heartbreak House)。张爱玲译作"心碎的屋"。

《伤心之家》是萧伯纳 1916 年的作品,写了发生于萨斯克斯一个乡下小屋的故事:古怪的 88 岁高龄的老船长萧特家里来了一家两对客人,漂亮而自负的赫金娜和她幻想主义者的丈夫,她非常保守的妹妹及忠实于夫人的无用的艺术家妹夫。他们没有理想,无所事事,看不到出路,对生活满是绝望,但又没有勇气自决,于是想借他人之手结束生命。在这种变异的心态下,他们做出了一个反常的举动,当德国飞机前来空袭的时候,他们打开了屋内所有的电灯,将自己暴露在敌机下。炸弹如期落下,结果却出人预料。想死的一个没死,炸死的却是不想死的一个卑鄙无耻的市侩和一个不速之客的小偷。

剧情的荒诞性,折射了危殆的社会现实和人们混乱的精神世界。尽管

《伤心之家》的副标题标明为"俄国风格英国主题的狂想曲",萧伯纳本人又宣称它是有意模仿契诃夫的名剧《樱桃园》,但显然它是具有典型的萧伯纳风格的剧作。

剧情的如此戏剧性,想必是吸引张爱玲的;单是那剧名,恐怕也会如她父亲的题识,使她产生与那个一度没有母亲的童年的"心碎的屋"的联想;而该剧在人物荒唐行径的表面下,是令人心酸的里子,正如萧伯纳指出的:伤心之家是"无依无靠的家,是伤心落泪的家",这又符合张爱玲"含泪的笑"的戏剧主张。

张爱玲在《忆胡适之》里提到父亲的其他藏书:"我姑姑有个时期跟我父亲借书看,后来兄妹闹翻了不来往,我父亲有一次忸怩地笑着咕噜了一声:'你姑姑有两本书还没还我。'"其中有一本是萧伯纳的《圣女贞德》,米色的,德国出版的袖珍本,她姑姑很喜欢,以至爱不释手。

《圣女贞德》作于1923年,是喜剧大师萧伯纳唯一的悲剧作品。萧伯纳1925年获诺贝尔文学奖,在颁奖典礼上,瑞典皇家学院诺贝尔奖委员会主席佩尔·哈尔史泰龙在所致授奖词中,对《圣女贞德》毫不吝啬赞词:"它

貌似狡黠的幽默大师萧伯纳

第三章 感情的公式——戏剧篇

显示了萧伯纳作为诗人的最高能力,并且在舞台上,这种能力得到了最充分的表现。"

张爱玲在《谈跳舞》中写道,她在观看一个舞蹈家跳舞时,那位舞者的姿势,使她想起了萧伯纳的剧作《长生》(Back to Methuselah)。Methuselah(玛士撒拉)本是《圣经·创世纪》中人物,据传活了965岁,在此代指长寿者,所以该剧名也有译为"千岁人"的。

> 戏里说将来人类发展到有一天,不是胎生而是卵生,而且儿童时期可以省掉了,蛋里孵出来的就是成熟的少男少女,大家跳舞作乐恋爱画图塑像,于四年之内把这些都玩够了,厌倦于一切物质的美,自己会走开去,思索艰深的道理。这样可以继续活到千万年,仅仅是个生存着的思想,身体被遗忘了,风吹日晒,无分男女,都是黑瘦,直条条的,腰间围一块布。未满四岁的青年男女把他们看作怪物,称他们为"古人"。虽有"男性的古人"与"女性的古人"之分,看上去并没多少不同。他们研究数理科学贯通到某一个程度,体质可以自由变化,随时能够生出八条手臂;如果要下山,人可以瘫倒了成为半液体,顺着地势流下去。

由此可见该剧给张爱玲留下的深刻印象,以及在张爱玲的详介中对它的理解。《长生》作于1921年,被认为是宣传"创造进化论""变形生物学"的剧作。

1988年2月,台湾皇冠出版社出版了张爱玲的作品集《续集》,收入了她的一些散文、小说及电影剧本，书前冠有张爱玲的《序》。张爱玲在这篇序言中，难得一见地为她的旧作《小艾》被人发掘出来、又未经她同意就重新发表发了一大通牢骚，道：

> ……我无从想象富有幽默感如萧伯纳，大男子主义如海明威，怎么样应付这种堂而皇之的海盗行为。他们在英美荣膺诺贝尔文学奖，生前死后获得应有的版权保障。萧伯纳的《卖花女》在舞台上演后，改编成黑白电影，又改编成轻音乐剧《窈窕淑女》，再改编成七彩宽银幕电影，都得到版权费。……如果他们遇到我这种情况，相信萧伯纳绝不会那么长寿，海明威的猎枪也会提前走火。

在此我们看到的，不仅有张爱玲不同于一般作家对自己旧作出土的态度，对《小艾》的态度，对版权的主张，更有对萧伯纳其人的了解、其作品来龙去脉的关注与熟悉。

《卖花女》作于 1912 年，原剧名并不叫"卖花女"，而叫 Pygmalion（皮格马利翁）。该剧写的是一个多事的男子把一个经过他调教的卖花女，冒充名门闺秀到上流社会周旋，后又爱上了她的故事。皮格马利翁是希腊传说中的塞浦路斯国王，萧伯纳借用他的名字来为剧作命名，非常巧妙而贴切。

皮格马利翁是位善于雕刻的国王，狂热地爱上了他的一件牙雕少女作品，于是整日祈祷上苍，希望雕像变活，好做他的爱侣。爱神阿芙狄罗忒被他感动，赋予雕像以生命，使皮格马利翁梦想成真。1968 年，心理学家罗森塔尔与雅各布森在学校做了一项实验，让老师故意把一般学生当作自己喜欢的学生来对待，经过一段时期，这些学生果真有了上好或趋佳表现，从而证明有"人的行为与他人的期待相对应"的效应存在，人们将此效应称之为"皮格马利翁效应"。而在此半个多世纪前，萧伯纳就已经在戏剧中艺术地表现这种效应了。

《皮格马利翁》这个剧本最初汉译时，音译为"匹克梅梁"，后有译为"卖花女"的，较前通俗多了。张爱玲也以"卖花女"言之。1956年改编为音乐剧后获得普利策戏剧奖，那时取的名字叫"我美丽的小姐"，好莱坞1964年拍成电影，沿用此名。至于"窈窕淑女"，那是在香港放映时用的名字。

影片由奥黛丽·赫本饰演女主角伊丽莎，获得第37届奥斯卡7项大奖——最佳影片、导演、男主角、摄影、美工、服装设计和最佳音响，偏偏没有女主角奖——不是赫本演得不好，而因为歌曲是由别人幕后代唱的，评委不肯迁就。

张爱玲在《论写作》里写道："是个故事，就得有点戏剧性。戏剧就是冲突，就是磨难，就是麻烦。就连 P．G．Wodehouse 那样的滑稽小说，也得把主人翁一步一步诱人烦恼丛中，愈陷愈深，然后再把他弄出来。快乐这东西是缺乏兴味的——尤其是他人的快乐，所以没有一出戏能够用快乐为题材。"

虽然她说的是小说中的戏剧性，却也反映了她的戏剧观。

第四章

水样的悲哀

音乐篇

> 一切的音乐都是悲哀的。
> 我最怕的是凡哑林,水一般地流着,将人生紧紧把握贴恋着的一切东西都流了去了。
> ——张爱玲《谈音乐》

因为懂得，所以不喜欢

在人们的印象中，昔日的音乐家总是与贫穷连在一起的，而音乐却是贵族的玩艺儿。以张爱玲那样的出身，几乎不可能不与音乐发生关系；有那样一位受过西风熏染，连走路的姿势、说话的方式、笑的模样都要教给女儿，要把女儿培养成"具有洋式淑女的风度"的母亲，自然不可能不叫她学音乐。在张爱玲任编剧的影片《不了情》中，就有这么一个场景：男主人与家庭女教师为他8岁的女儿过生日，女儿吹灭了蜡烛后，正要切蛋糕，男主人阻止道："别忙，你先弹个琴给我们听，再给你吃。"于是小女孩就坐到琴凳上去，叮叮当当地弹起来。可以设想，这完全是张爱玲少时家庭情景的再现。与那男主角一样，张爱玲的父母多半也并非是要子女成为钢琴家，只是为了让她们更具备淑女的条件，独处时可作高雅的消遣，来客人时可以助助雅兴。

张爱玲写过一篇《谈音乐》的散文，堪称张氏作品中的奇葩。在期刊上发表后，又收入随后出版的她的散文集《流言》，作了集子的大轴，也是该书中最好的篇什之一，轻灵、神气，典型地体现了作者的散文风格，一贯地使读者求浅可见其美，求深可见其识，而且隽永的思想都成了警句，比喻都成了神来之笔，爆发着思想的流星雨，令人不由得叫妙叫绝，如描绘交响乐的一段：

> 大规模的交响乐自然又不同，那是浩浩荡荡五四运动一般地冲了来，把每一个人的声音都变了它的声音，前后左右呼啸喊嚓的都是自己

的声音，人一开口就震惊于自己的声音的深宏远大；又像在初睡醒的时候听见人向你说话，不大知道是自己说的还是人家说的，感到模糊的恐怖。

……交响乐常有这个毛病：格律的成分过多。为什么隔一阵子就要来这么一套？乐队突然紧张起来，埋头咬牙，进入决战最后阶段，一鼓作气，再鼓三鼓，立志要把全场听众扫数肃清铲除消灭。而观众只是默默抵抗着，都是上等人，有高级的音乐修养，在无数的音乐会里坐过的；根据以往的经验，他们知道这音乐是会完的。

设若作者不是自小接触过音乐，对音乐就不会有如此深的感触；假如自小没有那么深地吃过音乐的苦头，恐怕也难以写出这样的美文来。而人往往对十分喜爱的东西不易写好，对自己不大喜欢的事物刻画起来倒常常能入木三分，这似乎又反证了张爱玲对音乐的态度。

张爱玲自小学琴的经历对她似乎尽是痛苦的回忆，她称之为"苦难"，这其中的原因之一是她学琴是被动的，而不是出自她的意愿。就为了她看姑姑弹钢琴时发出的一句赞叹，母亲以为她有音乐天赋而把她送去学钢琴。先跟了一位俄国女琴师，虽然张爱玲的注意力在于琴师宽脸上的金汗毛，粉背上的太阳味，容易激动的性情以及极有礼貌而靠妻子养活的丈夫，唯独不在钢琴上。此后她对音乐，也总是注意到之外的方面。

后来父母离了婚，她跟了父亲生活。本来钢琴这洋玩儿就是伴随着前妻而来的，当初学琴多半也是黄逸梵的主张，张廷重恨屋及乌，付女儿学琴费总是不情不愿，予女儿以难堪："我不能够忘记小时候怎样向父亲要钱去付钢琴教师的薪水。我立在烟铺跟前，许久，许久，得不到回答。"这更加折损了张爱玲学琴的兴趣，后来在学校里，她常常惹教琴的先生生气，因而挨打，就当然是事出有因的了。

胡兰成在《今生今世》里写到他与张爱玲行结婚仪式，写了一纸婚书，其曰："胡兰成张爱玲签订终身，结为夫妇，愿使岁月静好，现世安稳。"前两句出自张爱玲笔下，后两句为胡兰成所撰。张爱玲的《小团圆》里写到，邵之雍（影射胡兰成）写婚书时说："我因为你不喜欢琴，所以不能用'琴瑟静好'。"

张爱玲由对琴的不喜欢延伸到了音乐，她的《谈音乐》开头一句话便是："我不大喜欢音乐。"随后又以她行文中很少出现的不由分说的态度补一句："一切的音乐都是悲哀的。"一棍子就把音乐打死了。

但是当她话说从头，细细道来，最初的意气消散之后，我们不难发现她对音乐并非一味厌恶，其实也是有所喜爱的，表现在她对于音符极为敏感，当她"弹奏钢琴时，会想象那八个音符有不同的个性，穿戴了鲜艳的衣帽携手舞蹈"。写文章，也爱用"音韵铿锵的字眼"。

还在张爱玲不怎么懂事的时候，母亲就与姑姑出国去了，是被父亲气走的。前清遗少的父亲虽然对女儿并非全然不关心，但由他自己生活的荒唐以至颓废，诸如终日与一班酒肉朋友花天酒地、召妓、赌钱、吸毒，与妓女出身的姨太太大打出手等等，不可能使敏感的女儿在这个残缺的家庭里生长而不感到有所缺陷，尽管她日后不肯承认。

事实上，母亲归来后张爱玲心花怒放（有次母亲和一个胖伯母并坐在钢琴凳上，模仿一出电影里的恋爱表演，她坐在地上看着，忽然大笑起来，在狼皮褥子上滚来滚去）的表现，正是之前家庭缺少快乐的反映。而由母亲带来的快乐，是在音乐的伴奏下到来的，而那也是她第一次接触音乐。

母亲与姑姑经常邀请一些朋友到新家里来玩，节目之一便是在有着壁炉的宽敞客厅里弹琴、唱歌。和他们住在一起的姑姑，弹钢琴是她每天必做的事情。她那双灵巧的小手在琴键上敲出另一个世界。一对细而白的手腕上紧匝着绒线衫的窄袖子，大红绒线里绞着细银丝。母亲经常立在姑姑的背后，轻轻地扶住她的肩，"啦啦啦啦"地吊嗓子。她穿着秋天的落叶般的淡赭色衣服，肩上垂着同色的花球，有一种飘逸的神韵。不论什么调子，经她唱出来，便有点像吟诗。但她的发音不够准，总要比钢琴低半个音阶。在抱歉地笑笑之余，她会找出许多理由来解释，而在表情中有种异常动人的娇媚，与那琴上的花瓶里盛开的鲜花相映。

年少的张爱玲站在一边听着，看着，常常陶醉在这诗意芬芳的气氛里，禁不住说一句："真羡慕呀，我要弹得这么好就好了！"虽然她成年后说，当时她"喜欢的并不是钢琴而是那种空气"。其实未必，因为她在另一篇更早些的文章（《天才梦》）中说过："九岁时，我踌躇着不知道应当选择音乐或美术作我终身的事业。看了一张描写穷困的画家的影片后，我哭了一场，决定做一个钢琴家，在富丽堂皇的音乐厅里演奏。"何况音乐是与姗姗来迟的母爱、从天而降的家庭温暖、戏剧化的家庭氛围交织在一起的，对一个不乏艺术细胞的小女孩来说，几乎不可能不产生难以抵御的诱惑。

所以她对不同的音乐厚薄不一、有贬也有褒就不奇怪了。比如小提琴与胡琴，锣鼓与交响乐：

> 我最怕的是凡哑林，水一般地流着，将人生紧紧把握贴恋着的一切东西都流了去了。胡琴就好得多，虽然也苍凉，到临了总像着北方人的"话又说回来了"，远兜远转，依然回到人间。

> 我是中国人，喜欢喧哗吵闹，中国的锣鼓是不问情由，劈头劈脑打下来的，再吵些我也能够忍受，但是交响乐的攻势是慢慢来的，需要不少的时间把大喇叭小喇叭钢琴凡哑林一一安排布置，四下里埋伏起来，此起彼应，这样有计划的阴谋我害怕。

由此来看张爱玲对音乐的好恶，似乎有民族性的因素在内。胡琴与锣鼓是中国的，小提琴与交响乐是西洋的。这是一层。在外国歌曲中，则又有所区分。她拿创作歌曲与民歌作比较，显然她对前者不太喜欢：

> 外国的通俗音乐，我最不喜欢半新旧的，例如"一百零一只最好的歌"，带有十九世纪会客室的气息，黯淡、温雅，透不过气来——大约因为那时候时行束腰，而且大家都吃得太多，所以有一种饱

闷的感觉。那里的悲哀不是悲哀而是惨沮不舒。《在黄昏》是一支情歌：

> 在黄昏，想起我的时候，不要记恨，亲爱的……

听口气是端方的女子，多年前拒绝了男人，为了他的好，也为了她的好。以为什么事都没有发生，她一个人住着，一个人老了。虽然到现在还是理直气壮，同时却又抱歉着。这原是温柔可爱的，只是当中隔了多少年的慢慢的死与腐烂，使我们对于她那些过了时的逻辑起了反感。

《在黄昏》又被译作《黄昏来临》[①]，由英国奥列德作词，A. 哈里松作曲。歌词内容较为抑郁，表达的情感又有怨妇的酸气，使人感到不清爽，所以张爱玲用了"惨沮"这么一个"粘湿"的词。相比之下，她对朴实率真的民歌更有好感：

苏格兰的民歌就没有那些逻辑，例如《萝门湖》，这支古老的歌前两年曾经被美国流行乐队拿去爵士化了，大红过一阵：

> 你走高的路吧，
> 我走低的路……
> 我与我真心爱的永远不会再相逢，
> 在萝门湖美丽，美丽的湖边。

可以想象多山多雾的苏格兰，遍山坡的 heather，长长地像蓬蒿，淡紫的小花浮在上面像一层紫色的雾。空气清扬寒冷。那种干净，

---
① 李凌编：《中外名歌精选》，北京日报出版社，1987年版第92页。

只有我们的《诗经》里有。

《萝门湖》（另有译作"罗梦湖"的[①]）的曲调是F调四四拍，虽然本较舒缓，但音符的变化却颇含有起伏抑扬的节奏感，难怪被改作以切分节奏与"摇摆"的节奏感觉（会使人不禁想起"古里古怪"这个词）为特色的爵士乐。《萝门湖》共有3段歌词，第一段写"我"和恋人昔日在萝门湖畔徜徉的甜蜜时光；第二段写两人在萝门山谷黯然分手；第三段写失去恋人后心里难以磨灭的悲伤。张爱玲引的是副歌部分，她省略的其实只有一句话，"我要比你先到苏格兰"，想必是她一时记不清歌词了。

从张爱玲对音乐的好恶中，我们隐约可以摸到她的取舍原则。中外相比，她倾向于本民族的。因为她是中国人，喜欢本民族的东西，关键是她认为本民族的东西好；古今相比，她倾向于原生态的。因为原生态的东西自然，较少造作而多率性，往往有较多的真性情的流露，即她所说的"人的成分"浓厚，这是她最喜欢的。像她家附近军营里传出的学吹喇叭的声音，因那声音里透露出了人生的挣扎、焦愁、慌乱、冒险等等人的气息，使常人听来苦恼的、磨人的声音，张爱玲"倒不嫌它讨厌"了。

[①] 山立编：《中外名歌666首》，北京十月文艺出版社，1990年版，第387页。

音符在跳舞

张爱玲自称不喜音乐，却使旁人产生了兴趣。胡兰成就说过："我自中学读书以来，即不屑……流行歌等，亦是张爱玲指点，我才晓得它的好。"而像《谈音乐》中表述的对中国民俗艺术的指点、对中外通俗艺术的比较等等思想，都使胡兰成受到很大影响。

《谈音乐》是张爱玲写给胡兰成创办的《苦竹》杂志的，后来她与他的分手，也正演绎了《萝门湖》的基调——虽然不免悲伤，态度却又清坚决绝。胡兰成虽然自诩世上还没有人像他这样喜欢张爱玲，但他对她的了解由此看来还是不足——如果他仔细读读张爱玲的这篇文章，也许就不会有后来对张爱玲的"缠夹不清"了。

张爱玲将"大鼓书"归入中国通俗音乐，她对它不大喜欢："中国的通俗音乐里，大鼓书我嫌它太像赌气，名手一口气贯串奇长的句子，脸不红，筋不爆，听众就专门要看他的脸红不红，筋爆不爆。《大西厢》费了大气力描写莺莺的思春，总觉得是京油子的耍贫嘴。"

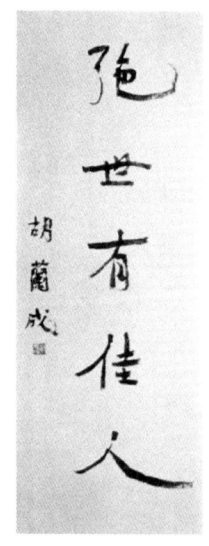

胡兰成书法

大鼓书是过去北方比较常见的一种曲艺形式。清朝末年开始在东北地区流行。民国年间形成了奉天大鼓（也称奉调大鼓、东北大鼓）、吉林大鼓

(也称东城调,流行于吉林市一带)、江北大鼓(流行于松花江以北地区,又称屯大鼓)、乐亭大鼓等几个具有地域特色的流派,一度相当盛行。

大鼓书的服装、道具、伴奏都很简单。演员的服装和说评书、相声一样,外罩一件长衫即可,早期演出也不用化妆,后来的女演员(俗称"女大鼓")也不画浓妆,而只略施淡彩、外穿旗袍而已。道具有鼓、梨花板、弦。鼓不大,扁圆形,直径约25公分,是用牛皮或其他皮子蒙的;梨花板是一对半月形状的铜板(有的用竹板);弦是三弦。演出时,将鼓支在几根竹棍组成的鼓架子上,演员一手击鼓、一手打板,三弦伴奏。也有的鼓也不用,一人自弹自唱,用脚打板击节,类似"单弦"的形式。其实东北大鼓书就是由"弦子书"发展而来的。

大鼓书、评书等等可以归入说唱表演艺术一类,张爱玲的小说《茉莉香片》开头的一段,就像极了说唱艺术的开篇:

> 我给您沏的这一壶茉莉香片,也许是太苦了一点。我将要说给您听的一段香港传奇,恐怕也是一样的苦——香港是一个华美的但是悲哀的城。

> 您先倒上一杯茶——当心烫!您尖着嘴轻轻吹着它。在茶烟缭绕中,您可以看见香港的公共汽车顺着柏油出道徐徐地驰下山来。开车的身后站了一个人,抱着一大捆杜鹃花。人倚在窗口,那枝枝丫丫的杜鹃花便伸到后面的一个玻璃窗外,红成一片。后面那一个座位上坐着聂传庆……

张爱玲在《谈音乐》里谈到中国的流行音乐:"从前因为大家有'小妹妹'狂,歌星都把喉咙逼得尖而扁,无线电播音机里的《桃花江》听上去只是'价啊价,叽价价叽家啊价……'外国人常常骇异地问中国女人的声音怎么是这样的。"

说起流行歌曲中的"小妹妹",首先使人想到电影《马路天使》中周璇唱的插曲:"小妹妹想郎,直到今……"当然"小妹妹"这股狂风,未必是自此开始刮起的。《桃花江》由黎锦晖作词作曲,于1929年创作,被称之为"新式爱情歌曲",由王人美、黎莉莉首唱,严华、周璇也唱过,风靡一时。歌词大意为,桃花江是美人窝,胖的也美,瘦的也俏。形式是由男女两人对唱,活泼俏皮,但不免低级趣味。其中并无"价啊价,叽价价叽家啊价"的歌词,只是由于曲调和歌者咬字的缘故才听来如此,而显然张爱玲对此不耐烦。

公园里的黎莉莉　李世芳摄

由中西歌唱的发音方法的不同而导致欣赏习惯有异,如同中国人开始不能接受西洋唱法,看他们的歌唱家仿佛要让牙医找出龋齿似的拼命张大嘴、嘴巴张得几乎要掀到后脑勺去那样扯着脖子嘶喊觉得揪心一样,对中国的女声,外国人也一时难以接受,不只是流行歌曲,他们对京剧旦角的唱腔也觉得声音都是从肺部挣扎吐出来的,他们形容那声音听起来就像是遭到惨杀时发出的痛苦尖叫,而且那尖锐的声音如同一只坏了喉咙的猫叫。

除了民歌发声法的缘故外,"歌星都把喉咙逼得尖而扁",当然是当时的听众的趣味造成的。周璇被誉为金嗓子,可见尖而扁的嗓音真的是社会的需要。大概当时大众都喜欢"小"和"嗲",尖细的声音近于童音,也才能嗲得起来。不光是声音,《马路天使》中周璇所饰一角看上去简直就是未成年少女。而过分追求嗓音的尖而扁,已经失掉了民歌唱法甜美自然的本质,难怪使张爱玲生厌。

虽然同样是尖细的嗓子唱的《蔷薇处处开》,张爱玲对它似乎印象并不坏,说它调子悦耳,以至于怀疑是不是抄袭西洋或东洋的。《蔷薇处处开》是1942年摄制的同名影片的主题歌,由陈歌辛作词作曲,龚秋霞演唱。

苦竹杂志第一期

有一天深夜,远处飘来跳舞厅的音乐,女人尖细的喉咙唱着:"蔷薇蔷薇处处开!"偌大的上海,没有几家人家点着灯,更显得夜的空旷。我房间里倒还没熄灯,一长排窗户,拉上了暗蓝的旧丝绒帘子,像文艺滥调里的"沉沉夜幕"。丝绒败了色的边缘被灯光喷上了灰扑扑的淡金色,帘子在大风里蓬飘,街上急急驶过一辆奇异的车,不知是不是捉强盗,"哗!哗!"锐叫,像轮船的汽笛,凄长地,"哗!哗!……哗!哗!"大海就在窗外,海船上的别离,命运性的决裂,冷到人心里去。"哗!哗!"渐渐远了。在这样凶残的,大而破的夜晚,给它到处开起蔷薇花来,是不能想象的事,然而这女人还是细声细气很乐观地说是开着的。即使不过是绸绢的蔷薇,缀在帐顶、灯罩、帽檐、袖口、鞋尖、阳伞上,那幼小的圆满也有它的可爱可亲。

这一段描写仍是《谈音乐》里的。《谈音乐》发表于1944年11月《苦竹》的创刊号上。《苦竹》的封面是炎樱画的:满幅浓密的竹枝竹叶,一根粗壮的竹干留白,斜过画面,留白处写着一首小诗。张爱玲在《诗与胡说》中提到过这首诗:"周作人翻译的有一首著名的日本诗:'夏日之夜,有如苦竹,竹细节密,顷刻之间,随即天明。'我劝我姑姑看一遍,我姑姑是'轻性智识分子'的典型,她看过之后,摇摇头说不懂,随即又寻思,说:'既然这么出名,想必总有点什么东西吧?可是也说不定。'"

就在《苦竹》创刊面世的同时,汪精卫死在日本医院里,汪伪政府破败之相凸显。而早在一年前,日本的两个欧洲盟国——德国与意大利,在欧洲战争中遭到了惨重的失败,国际法西斯联盟的败局就已经定了。原作者创作这首小诗未必是为日本投降准备的;张爱玲与姑姑谈它也显然并不是先眺到了抗战胜利的曙光,此后不久写的"蔷薇处处开"这一段,却是黎明前最黑暗的社会现实及其下的作者绝望心境的写照,但张爱玲的心情又是复杂的:黑冷的深夜与到处盛开的蔷薇构成巨大的反差,使她不禁要挖苦歌者几句;同时又因为夜太黑,心太冷,更需要慰藉,哪怕它是"幼小的"、没有生命的图案。

张爱玲在《谈音乐》里提到弹词《描金凤》："弹词我只听见过一次，一个瘦长脸的年轻人唱《描金凤》，每隔两句，句尾就加上极其肯定的'嗯，嗯，嗯'，每'嗯'一下，把头摇一摇，像是咬着人的肉不放似的。对于有些听众这大约是软性刺激。"

《描金凤》是传统经典长篇弹词作品，名字又叫《错姻缘》，不知作者是谁。书成于清朝光绪之前，共有12卷，46回。有人计算过，如果按书每天演唱两小时，得70天才能唱完。

《描金凤》写姑苏书生徐惠兰因家贫向叔父借贷，受辱自尽。江湖术士钱志节将他救起，又将女儿钱玉翠许配给他。玉翠以家传御赐描金凤相赠，作为定情之物。后惠兰被姑母接去读书，途中救了重病的书生金继春，二人义结金兰。惠兰的表兄王云卿被人害死，惠兰被冤枉为凶手而处极刑。临刑前，继春以自己与外貌与惠兰相像，设法换出惠兰而代他去死，临刑时被绿林好汉劫走。京中大旱，钱志节应诏求雨成功，得封高官，为惠兰申冤，终于抓住真凶马寿。其后，惠兰应试，连中三元，因而得以授官，并与玉翠成婚。作品情节一波三折，十分感人。

《描金凤》演唱者的"咬肉不放"，虽然给张爱玲带来不快，但"描金凤"这个名字，却使她产生了好感。抗战胜利后，她将"描金凤"作了她在写的一部长篇小说的名字。但不知当时她有没有坚持把"咬肉"看完，不知她写《描金凤》的灵感有无受弹词《描金凤》情节的启发？

张爱玲在她的两篇散文里，都提到了"苏三不要哭"，一是《中国人的宗教》："中国人虽然考究怎样死，有些地方却又很随便，棺材头上刻着生动美丽的'吕布戏貂婵'，大出丧的音乐队吹打着'苏三不要哭'"；二是在《私语》里写她出生的老房子："在阴暗交界的边缘，看得见阳光，听得见电车的铃与大减价的布店里一遍又一遍吹打着'苏三不要哭'，在那阳光里只有昏睡。"

"苏三不要哭"是首外国歌曲，名字叫Susanna，现今通译为"苏姗娜"，早年在中国被译为"苏三不要哭"，系取歌词中的一句。这首歌在20世纪70年代后期即"文革"结束以来，一度十分流行，而显然早在三四十年前就已经流行过。

《苏姗娜》的曲调简短，音域很窄，节奏又较快，歌词却有3段，而又有一段副歌，这些因素导致这首歌给听者以明显的重复印象。歌曲的本身即有许多重复，若再一遍又一遍地播放，那重复就更以乘积的倍数折磨人的耳朵了。

《苏姗娜》歌词的内容，是以第一人称的口吻，叙述一个来自故乡亚拉巴马的人，带着五弦琴，到路易斯安那，到奥尔良，四处寻找心上的姑娘苏姗娜。他一边弹着琴，一边向路人絮絮念叨着他如何冒着夜大雨上路，如何梦见含泪吃着荞麦饼的心上人，如何红日当空心却冰冷，如何为了爱情愿奉生命。歌词是伤感的，又带着为情所炙的固执。大出丧时奏它，自然是取它的伤感；布店则是取它的流行。但显然这首歌在张爱玲听来，却都是悲哀，尽管那布店的大减价也许只是促销的手段而并非生意不好。

除了散文，张爱玲在她的小说中，也不时提到音乐。比如《沉香屑·第一炉香》中的一段：

> 薇龙一夜也不曾合眼，才合眼便恍惚在那里试衣服，试了一件又一件，毛织品，毛茸茸的像富于挑拨性的爵士乐；厚沉沉的丝绒，像忧郁的古典化的歌剧主题歌；柔滑的软缎，像《蓝色的多瑙河》，凉阴阴地匝着人，流遍了全身。

《创世纪》中："……留声机就放在桌上，非常响亮地唱起了《蓝色的多瑙河》。……华尔兹的调子，摇摆着出来了，震震的大声，惊心动魄，几乎不能忍受的，感情上的蹂躏。尤其是现在，黄昏的房间，渐渐暗了下来，唱片的华美里有一点凄凉，像是酒阑人散了。……嘹亮无比的音乐只是回旋，回旋如意，有一种黑暗的热闹，简直不像人间。"

由奥地利作曲家约翰·施特劳斯创作于1867年的《蓝色的多瑙河》，全称是《美丽的蓝色的多瑙河旁圆舞曲》，最初是一首声乐舞曲，后抽掉合唱，单以管弦乐器演奏获得成功。在140年的漫长岁月里，逐渐风靡全球，并且长盛不衰，成为最经典的世界名曲之一，赢得了不同国度、不同民族的人民广泛的喜爱，更被本国人民引以为自豪。

在维也纳，《蓝色的多瑙河》甚至被誉为"非正式的第二国歌"，显然其中不仅包含喜爱，还怀有尊敬，这与它的来历有关。1866年，普奥战争爆发，奥地利在7月中的萨多瓦战役中大败，敌人一度兵临首都维也纳城下。奥兵士气低落，维也纳人也几乎丧失了信心。曾任维也纳男声合唱协会指挥的约翰·冯·赫贝克深知音乐的力量，他希望用音乐来振奋人心，于是委托约翰·施特劳斯，一首给人以美感与力量的伟大乐曲由此诞生。

张爱玲所说"摇摆着出来"的曲调，那是黎明的脚步，可能因挟带着的能量太过巨大而显得不稳；继而那惊心动魄的"震震的大声"，那令人"几乎不能忍受的，感情上的蹂躏"，正是力量的爆发，振聋发聩、摧枯拉朽要冲破一切的力量。

在《连环套》的开头，有一段戏院音乐会的描写，与《谈音乐》里所写交响乐似而不同，对照来看颇有意思：

> ……下午的音乐会还没散场，里面金鼓齐鸣，冗长繁重的交响乐正到了最后的高潮，只听得风狂雨骤，一阵紧似一阵，天昏地暗压将下来。仿佛有百十辆火车，呜呜放着汽，开足了马力，齐齐向这边冲过来，车上满载摇旗呐喊的人，空中大放焰火，地上花炮乱飞，也不知庆祝些什么，欢喜些什么。欢喜到了极处，又有一种凶狞的悲哀，凡哑林的弦子紧紧绞着，绞着，绞得扭麻花似的，许多凡哑林出力交缠，挤榨，哗哗流下千古的哀愁；流入音乐的总汇中，便乱了头绪——作曲子的人编到末了，想是发疯了，全然没有曲调可言，只把一个个单独的小音符叮铃当啷倾倒在巨桶里，下死劲搅动着，只搅得天崩地塌，震耳欲聋。

音乐在张爱玲的小说中,从未占据主要地位,而永远是作为背景、引子、过场出现的,即使像上面所引的详细描述,也只出现过一次。由此来看,张爱玲说她不喜欢音乐,并非故意或姑且之言,只是在她的艺术中,音乐总是萦绕左右,无时或缺。

第五章 肢体的流动

舞蹈篇

于肢体的流动里感到飞扬的喜悦。——张爱玲《谈跳舞》

认识舞蹈从交谊舞开始

张爱玲的小说里述及人物跳交际舞的地方很多,次数可能仅次于写看电影的。虽然未见张爱玲对跳舞的兴趣超过看电影的记录,但她对交际舞、她称之为"社交舞"的舞蹈是不陌生的。还在她只有四五岁的年纪,母亲被父亲气得出走了,父亲将姨太太带回家来。张爱玲在文章里称她为"姨奶奶"。姨奶奶不喜欢张爱玲的弟弟,而很"抬举"她,每天晚上带她到著名的舞厅"起士林"去看跳舞。通常是,张爱玲坐在桌边,面前有一块高齐眉毛的白奶油蛋糕由她大快朵颐。这种教育一般很有效,即使张爱玲原先不喜欢跳舞,但因它是与香甜的奶油蛋糕连在一起的,她成年后还对绵软的西点十分喜好呢。所以在移情的作用下,她至少对跳舞不会太反感的。何况舞场总是充满了热闹、欢乐,还有优美的音乐。

在张爱玲的少作中,有一篇《理想中的理想村》。在她少年的理想社会中,就有"一所精致的跳舞厅"建在那"小山的顶上"。可见她对它是喜欢的,至少也认为它是社会中不可缺少的一部分。

张爱玲在她25岁那年写出了《谈

明代春宫画:和乐妓的缱绻

跳舞》一文，她认为"中国是没有跳舞的国家"，因为中国人在公开的社会生活中不能"于肢体的流动里感到飞扬的喜悦"，而只有在"背人的地方"发生的男女关系中才"于肢体的流动里感到飞扬的喜悦"，论据是"春宫画特别多"。至于她说的因为没有跳舞的缘故，"中国女人的腰与屁股所以生得特别低，背影望过去，站着也像坐着。"当然只是辛辣的讽刺，不然她为何不把同样不跳舞的男人也列进去？

对于社交舞正当与否所产生的社会争论，可以作为"中国没有跳舞"的另一个证据。交际舞究竟是否带有性的意味，这是一个长期争论不休的问题，张爱玲指出它"实在是离不开性的成份的"，但同时又认为它"是最无妨的两性接触"。

交际舞多是男女对舞，因此其中有基本的男女关系，这是张爱玲对它感兴趣的原因之一。她认为契诃夫的小说里跳舞的一段写得好，就是因为契诃夫将舞蹈中的男女关系表现得有层次。人们对男女对舞往往只注意双方的和谐与技巧，契诃夫却写出了和谐中有比试，技巧中"有深艳的情感"，所以精彩：

> ……她又和一个高大的军官跳波兰舞；他动得很慢，仿佛是着了衣服的死尸，缩着肩和胸，很疲倦的踏着脚。——他跳得很吃力的，而她又偏偏以她的美貌和赤裸裸的颈子鼓动他，刺激他；她的眼睛挑拨的燃起火来，她的动作是热情的，他渐渐的不行了，举起手向着她，死板得同国王一样。

看的人齐声喝彩:"好呀!好呀!"

但是,渐渐的那高大的军官也兴奋起来了;他慢慢的活泼起来,为她的美丽所克服,跳得异常轻快,而她呢,只是移动她的肩部,狡猾地看着他,仿佛现在她做了王后,他做了她的奴仆。

不知张爱玲的记忆有否有误,此究竟是否来自契诃夫的作品尚难断定。

从民族性看舞蹈

舞蹈是民族的记忆、梦魇、经历,某个舞蹈总是起源于某个民族,虽然后来在流传中不断吸纳与扬弃而风格有变,但或多或少总还会带有它的母体民族的性格特征与经历痕迹。所以分析舞蹈,从民族性上找原由,是条好路子,张爱玲就深谙此道。如她对探戈的评析:

> ……探戈来自西班牙。西班牙是个穷地方,初发现美洲殖民地的时候大阔过一阵,阔得荒唐闪烁,一船一船的金银宝贝往家里运。很快地又败落下来,过往的华美只留下一点累赘的回忆,女人头上披的黑累丝纱,头发上插的玳瑁嵌宝梳子;男人的平金小褂,鲜红的阔腰带,毒药,匕首,抛一朵玫瑰花给斗牛的英雄——没有罗曼斯,只有罗曼斯的规矩。这夸大,残酷,黑地飞金的民族,当初的发财,因为太突兀,本就有噩梦的阴惨离奇,现在的穷也是穷得不知其所

以然，分外地绝望。他们的跳舞带一点凄凉的酒意，可是心里发空，再也灌不醉自己，行动还是有许多虚文，许多讲究。永远是循规蹈矩的拉长了的进攻回避，半推半就，一放一收的拉锯战，有礼貌的淫荡。

张爱玲又深知舞蹈反映民族的生存环境与状况，她从这个视角去看印度舞，把印度舞诠释得很透彻：

> 印度有一种癫狂的舞，……舞者剧烈地抖动着，屈着膝盖，身子矮了一截，两腿不知怎样绞来绞去，身子底下烧了个火炉似地，坐立不安。那音乐也是痒得难堪，高而尖的，抓爬的聒噪。歌者嘴里就像含了热汤，喉咙颤抖不定。这种舞的好，因为它仿佛是只能如此的，与他们的气候与生活环境相谐和，以此有永久性。地球上最开始有动物，是在泥沼里。那时候到处是泥沼，终年湿热，树木不生，只有一丛丛壮大的厚叶子水草。太阳炎炎晒在污黑的水面上，水底有小的东西蠢动起来了，那么剧烈的活动，可是没有形式，类如气体的蒸发。看似龌龊，其实只是混沌。龌龊永远是由于闭塞，由于局部的死：那样元气旺盛的东西是不龌龊的。这种印度舞就是如此。

张爱玲在《谈跳舞》里提到美国一度十分流行的吉特巴（Jitterbug）。吉特巴俗称拉面舞，又叫帕司。"二战"期间水兵在甲板上用皮靴的靴跟靴掌击打出明快的节奏伴舞，因而又称水兵舞。吉特巴起源于美国西部，最初是慢四步跳法，后被牛仔带入东部，又吸取了其他舞蹈的特点，节奏发生变化，终于变成了一种活泼轻快热情奔放又带有随意性的舞蹈。

"二战"中吉特巴由美国水兵带到广州上海，张爱玲应就是由此认识吉特巴的。张爱玲由该舞动作快速而有爆发力，将它译为"惊蛰"——既顾及了原声发音，又反映了舞蹈的动作特点如同春雷下冬眠小虫的蓦然惊醒。她认为它的流行是因为所有的人在舞蹈中身心得以释放：

> ……大家排队开步走向在幼稚园的操场上，走几步，擎起一只手，大叫一声"哦咦！"叫着，叫着，兴奋起来，拼命踢跳，跳到疲筋力尽为止。倦怠的交际花，商人，主妇，都在这里得到解放，返老还童了……

张爱玲向来对各种民族舞蹈十分注意，也有机会看到。她在香港念大学期间，有一年暑假里，修道院附属小学的一群女孩借用港大宿舍消夏，其中有一位被美国太太捡去的俄国孤儿纳塔丽亚会随着唱片里播放着的民歌"我母亲说的／我再也不能／和吉卜赛人／到树林里去"两臂上伸，一扭一扭在雨中跳起舞来；还有一个泰国曼谷女孩玛德莲，"会跳他们家乡祭神的舞，纤柔的棕色手腕，折断了似地别到背后去"；在张爱玲的同学中，有位在修道院读过半年书的马来亚华侨金桃，也时而"学给大家看马来人怎样跳舞的：男女排成两行，摇摆着小步小步走，或是仅只摇摆；女的捏着大手帕子悠悠挥洒，唱着'沙扬啊！沙扬啊！'沙扬是爱人的意思；歌声因为单调，更觉得太平美丽。"

张爱玲在朋友们极力怂恿下，去看了根据拜伦的长诗改编的芭蕾舞剧《科赛亚》，可能就是因为朋友们事先表现出的对它膜拜的态度，引起了张爱玲的逆反心理。朋友们说单是该剧的服装布景颜色的鲜明也很值得一看，张爱玲就直接表示对色彩的不以为然，说是还不如香烟壳上的画来得亲切。芭蕾舞向以舞姿轻盈优美著称，张爱玲偏要这样说："就坐在最后一排也看得见俄罗斯舞女大腿上畸形发达的球状的筋，那紧硬臃肿的白肉，也替她们担忧，一个不小心，落脚太重，会咚地一响。"明显地是在挑刺，仿佛当时心情不好似的。

1945 年 4 月 9 日，《新中国报》报社在华懋饭店 8 楼第 3 室为来访的朝鲜舞蹈家崔承喜举办了一个座谈会，邀请了关露、潘柳黛、张爱玲等几位女作家参加。崔承喜 15 岁毕业于朝鲜京城淑明高等女子学校后，到日本东京学习西洋舞蹈。3 年后，先后在京城及东京设立舞蹈研究所，以东方舞表演声名鹊起，"二战"中巡演于美洲、欧洲各地，获"日本现代舞后"（因当时朝鲜被日本侵占）之誉。1941 年来我国，1943 年在华中一带表演，同时在北平设立了一个舞蹈研究所，教授中国学生。这是她第二次到上海，还曾与梅兰芳长谈舞蹈艺术。那天在座谈会上众人主要是听崔承喜侃侃而谈，几位女作家话都不多。张爱玲穿着桃红色软缎旗袍，外罩古青铜色背心，缎子绣花鞋，长发披肩，戴着眼镜，沉静的目光从镜片后射出来，牢牢地盯住崔承喜的脸，致使在场的记者觉得张爱玲仿佛不在听人说话，而只专心地要"从崔承喜的脸上找出艺术的趣味来"。实际当然不是如此，在崔承喜大谈了文学与艺术不应模仿古代与西洋，而应取其之长，创造出现代的、属于自己的（东方的）东西来之后，主持人征询张爱玲的意见。显然张爱玲是同意崔承喜的观点的，大概一时也来不及整理思绪，于是也就顺着舞蹈家的话头随便说了两句：

> 我觉得在文学上，我们也必须先研究西洋的，撷其精华，才能创进。舞蹈音乐亦正如此。

在此前后，张爱玲去观看了崔承喜的舞蹈。崔舞中有一个情节是写一个少女逗一个自卑的驼背人：她先与他跳了一回舞，使他觉得她对他有好感，但随即又跑开了，使他感到失望。那位少女对驼背人的作弄只是出于调皮，一个单纯天真的少女的调皮，行为虽不大妥，但后果不严重，所以观众虽然为驼背人难过，但也容易原谅少女。崔舞如此处理人物关系，很合张爱玲口味。她对胡兰成说：

> 讽刺也是这么好意的，悲剧也还能使人笑。一般的滑稽讽刺人来没有像这样的有同情心的，卓别林的影片算了不得的了，不过我还是讨厌里面的一种流浪人的做作，近于中国的名士派。那还是不及崔承喜的这支舞。到底是我们东方的东西最基本。

由此看来，崔承喜的文艺观与张爱玲的确是相合的。

1943年春，日汪借纪念和庆祝所谓国民政府还都（即汪伪政府在南京成立）三周年之机，作秀"中日提携""共存共荣"。先是东条英机亲临上海访问，继而陈公博作为特使回访东京；随后日本著名文艺团体"东宝歌舞团"派出40名女团员，作为政府文化使节来到中国，进行所谓"亲善访问"，先在南京，后又到上海"南京大戏院"公演大型歌舞。1943年4月11日《申报·星期画刊》用了半幅版面刊登了多幅图片，做了个"东宝歌舞剧团特辑"，有汪精卫接见演员的场景；有演员在大华大戏院舞台上表演的盛大场面；以及演职员谒中山陵、在玄武湖泛舟、慰劳伪军等相片。伪中华电影联合公司（即"华影"）还邀请该团参加歌舞片《万紫千红》的拍摄。影片由李丽华、汪洋主演。

提起东宝歌舞团，大家必定想起广告上的短裤子舞女，歪戴着鸡心形的小帽子。可是她们的西式跳舞实在很有限，永远是一排人联臂立正，向右看齐，屈起一膝，一踢一踢；呛地一声锣响，把头换一个方面，重新来过；进去换一套衣服，又重新来过。西式节目常常表演，听说是因为中国观众特别爱看的缘故。我只喜欢她们跳自己的舞，有一场全体登台，穿着明丽的和服，排起队来，手搭在前面人的背上，趔趄着脚，碎步行走，一律把头左右摇晃，活络的颈子仿佛是装上去的，整个地像小玩具，"绢制的人儿"。把女人比作玩

地处爱多亚路（今延安东路）的南京大戏院　建于1930年

具,是侮辱性的,可是她们这里自己也觉得自己是好玩的东西,一颗头可以这样摇那样摇——像小孩玩弄自己的脚趾头,非常高兴而且诧异。

张爱玲把俄国跳芭蕾舞的演员也叫舞女,把东宝歌舞团的演员也叫舞女,与"交际花"的舞女并列,由此可见她的确是比较看低她们的。"舞女"在张爱玲的作品里不时出现,散文里经常提及;小说里也有一些舞女形象,写得比较丰满的是《十八春》里的曼璐,另外都是速写或蜻蜓点水,比如《桂花蒸·阿小悲秋》:

……她下楼去拎了两桶水上来,打发主人洗了澡。门铃响,那新的女人如约来了。阿小猜是个舞女。她问道:"外国人在家么?"一路扭进房去。脑后一大圈鬈发撅出来老远,电烫得枯黄虬结,与其他部分的黑发颜色也不同,像个皮围脖子,死兽的毛皮,也说不上来这东西是死的是活的,一颤一颤,走一步它在后面跳一跳。

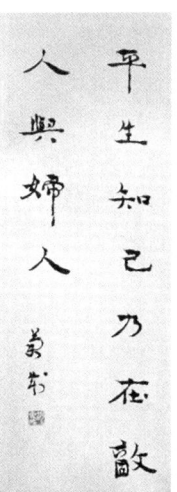

胡兰成书法

《浮花浪蕊》里有个"叶太",叶太"显然是个外室,也许本来是舞女"。这使人想起胡兰成在结识张爱玲前,把比张爱玲还小几岁的上海百乐门的一位红舞女应嫫娣,长包在大酒店里做外室。有了张爱玲,他才冷落了应嫫娣。后来他与应嫫娣分手,还到张爱玲面前伤心流泪,而张爱玲"亦不同情"。张爱玲对应嫫娣应不只印象深刻,爱说话之如胡兰成,一定会将应嬷娣的故事说给张爱玲听。而后来竟演成张爱玲与一个舞女"抢"男人。再后来，胡兰成又因有周训德、范秀美而冷落了张爱玲，置张爱玲于当年应嬷娣之同样地位；而张爱玲最终又像应嬷娣一样主动提出分手……这位下笔爱情如踢踏舞的才女，在现实的爱情中却焦头烂额，几乎要与舞女纠缠不清了。

第六章

身携的戏剧

服饰篇

对于不会说话的人，衣服是一种言语，随身带着的一种袖珍戏剧。
——张爱玲《童言无忌·穿》

奇装炫人

当年,曾有一幅漫画见诸报刊,题目叫"钢笔与口红",画的是 3 位正走红的上海滩女作家:潘柳黛身上盘曲着一条蛇,这自然是指她人"妖"或是作品的"惑众";苏青是一手挟着书稿一手拎包一副行色匆匆的样子,指的当然是她一边写作一边做书商;张爱玲则身穿一件古装短袄,旁边有一行字,写着:"奇装炫人的张爱玲"。漫画家的看家本领是抓人的特征,可见张爱玲的着装的确是她最显著的特点。

张爱玲对于衣着的偏爱,除了作为女性通常的爱美天性外,可以简单归结为是受了她两位母亲的影响或刺激,一位是她的生母黄逸梵,一位是她的继母孙用蕃。

黄逸梵爱做衣服,惹得丈夫咕噜:"一个人又不是衣裳架子!"可见黄逸梵对衣饰的爱好一定不浅,而衣服数量也一定不少。小时候的张爱玲有次看母亲对着镜子在绿短袄上别翡翠胸针,母亲的动作一定不止别胸针那么单纯,这才会使年幼的女儿深受感染,以至"羡慕万分",恨自己不能快点长大,并发誓"八岁我要梳爱司头,十岁我要穿高跟鞋"——那时的她离 8 岁还远着呢。在同期她所怀着的一个理想是"要穿最别致的衣服周游世界"。

应该也就在此后不久,母亲因与丈夫不睦,愤而离家留洋,行前伤心,"伏在竹床上痛哭"。那时的张爱玲还对离别之痛木然不觉,却注意到母亲穿的是海一样颜色的"绿衣绿裙",以及衣裙上镶缀着的"抽搐发光的小片子"。

为了衣服,成年后的张爱玲竟对自己5岁时的情景记忆犹新,那是在母亲走后,父亲的姨太太老八曾为她"做了顶时髦的雪青丝绒的短袄长裙",幼小的张爱玲竟因此真的觉得喜欢老八要胜过亲娘了!

未成年的张爱玲因为对未来有许多明确具体的向往,因此老是盼望着快快长大,于是也就总觉得那时的日子"正像老棉鞋里面,粉红绒里子上晒着的阳光"——"温暖而迟慢",但是也有例外,那就是当她发现因身体长高而使漂亮的衣裳穿不下时,就嫌日子过得太快了。比如她八九岁时母亲从国外归来,一定是带了些国外的衣料,在给女儿做的衣服中,就有一件"葱绿织锦"的——显然黄逸梵偏爱绿色。张爱玲却因"突然长高了一大截子",新衣服"一次也没有上身,已经不能穿了",这竟使她在以后一段时间里"一想到那件衣服便伤心",甚至"认为是终生的遗憾"。

张爱玲在生母的影响下,对衣裳的喜爱膨胀,而就在她步入青春期,爱美意识大觉醒的年龄,偏偏继母来了,听说张爱玲身材与她差不多,带了两箱子旧衣裳给她穿。那些衣服虽然料子很好,毕竟旧了,有些领口也破了,在贵族化的教会女校上学,穿这样的衣服,令张爱玲感到十分难堪:"永远不能忘记一件黯红的薄棉袍,碎牛肉的颜色,穿不完地穿着,就像浑身都生了冻疮;冬天已经过去了,还留着冻疮的疤——是那样的憎恶与羞耻。一大半是因为自惭形秽,中学生活是不愉快的,也很少交朋友。"的确"永远不能忘记",晚年的张爱玲还旧事重提,耿耿于怀,可见着衣一项已经严重影响到她的心理了。

张爱玲逃出父家不久,一次舅母对她说,等翻箱子的时候找一些表姐们的旧衣服送给她穿,张爱玲听了连忙说"不",并且一边就红了脸,眼泪也下来了。看来的确是落下心病了。

正是生母与继母在张爱玲穿衣问题上的一正一反的刺激,纵然她原先是一个不好穿着打扮的人也不可能不变了,何况她是天生的"衣裳迷"。张爱玲自己也认为如此:"……那都是因为后母赠衣造成一种特殊的心理,以至于后来一度 clothes-crazy(衣服狂)"。

黄逸梵对穿衣的态度也有点与众不同。女儿中学毕业后,处于嫁人或升学的岔路口,黄逸梵竟提出了一个"很公允的办法"要女儿挑选:要么升学没有钱买衣服,要买衣服打扮自己准备嫁人就没学费升学。其实张爱玲与母亲在这方面是一样的——两样都要。黄逸梵本即是个学校迷。尽管张爱玲先选择了升学,但一入学,就以获得的奖学金"随心所欲做了些衣服"。

也就是自那时开始,在香港那样各色人等五方杂处的环境里,张爱玲将心里对衣裳的嗜好释放出来了,对早年的穿衣不幸进行报复。一涉报复,自然不免走得过远,逾出了正常偏好的范围。

所以张爱玲穿衣的主要目的,似乎并不在于通过别致的衣裳,彰显其长，隐藏其短，衬出自己的美来，而唯奇而异之、与众不同是求。她的目的似也只在于引人注意。张爱玲自己对此并不隐讳。有次遇人相问，她道："我既不是美女，又没有什么特点，不用这些来招摇，怎么引得起别人的注意？"话是没好气，但所说显然未必不是真心实情。她对胞弟张子静也说过同样的话："一个人假使没有什么特长，最好是做得特别，可以引人注意。"这可能与她童年少爱、被家庭忽略有关，也与她想"出风头"、亟盼出名的愿望合拍。

后来回到上海，她竟可以身着奇装异服招摇过市而毫不害羞，而她是知道在传统的观念里，奇装异服是伤风败俗的。（《更衣记》）

张爱玲的胞弟当年这样写他的姐姐：

> ……就拿衣裳来说吧，她顶喜欢穿古怪样子的。记得三年前她从香港回来，我去看她，她穿着一件矮领子的布旗袍，大红颜色的底子，上面印着一朵一朵蓝的白的大花，两边都没有纽扣，是跟外国衣裳一样钻进去穿的。领子真矮，可以说没有；在领子下面打着一个结子，袖子短到肩膀，长度只到膝盖。我从没有看见过这样的旗袍，少不得要问问她这是不是最新式的样子，她淡漠的笑道："你真是少见多怪，在香港这种衣裳太普通了，我正嫌这样不够特别呢！"吓得我也不敢再往下问了。我还听别人说，有一次她的一个朋友的哥哥结婚，她穿了一套前清老样子绣花的袄裤去道喜，满座的宾客为之惊奇不止。

成名后的张爱玲,更将自己在衣饰上的兴致更加率性表现,将出新出奇推向极致。女作家潘柳黛对此有一段十分生动的记录:

> 有一次我和苏青打电话和她约好,到她赫德路的公寓去看她,见她穿一件柠檬黄袒胸裸臂的晚礼服,浑身香气袭人,手镯项链,满头珠翠,使人一望而知她是在盛装打扮中。

> 我和苏青不禁为之一怔,问她是不是要上街?她说:"不是上街,是等朋友到家里来吃茶。"当时苏青与我的衣饰都很随便,相形之下,觉得很窘,怕她有什么重要客人要来,以为我们在场,也许不方便,便交换了一下眼色,非常识相地说:"既然你有朋友要来,我们就走了,改日来也是一样。"谁知张爱玲却慢条斯理的说:"我的朋友已经来了,就是你们俩呀!"这时我们才知道原来她的盛妆正是款待我们的,弄得我们俩人感到更窘,好像一点不懂礼貌的野人一样。

> 还有一次相值,张爱玲忽然问我,"你找得到你祖母的衣裳找不到?"我说:"干吗?"她说:"你可以穿她的衣裳呀!"我说:"我穿她的衣裳,不是像穿寿衣一样吗?"她说:"那有什么关系,别致。"

> ……她着西装,会把自己打扮成一个十八世纪少妇,她穿旗袍,会把自己打扮得像我们的祖母或太祖母,脸是年青人的脸,服装是老古董的服装,就是这一记,融汇了古今中外的大噱头,她把自己先安排成一个传奇人物。

潘柳黛到底是与张爱玲同时代、同地域的人，又是同性同行，对张爱玲自然看得准、看得透。

张爱玲的闺中好友炎樱的圣约翰大学同学、后与张爱玲有过交往的李君维回忆张爱玲："她穿过一身自己设计的连衣裙，下身仿佛套着一只灯笼，灯笼底下伸出她的双脚，在嘈杂尘嚣的上海马路上匆匆而过。"

曾参与排演话剧《倾城之恋》而在"兰心"大戏院三楼排戏室与张爱玲多次见面的文亦奇，对这件"灯笼服"也叹为观止："她穿橘黄色缎子旗袍，下面却像依丽沙白时代裙子般撑出，但下端却又生着宽紧带收紧，中间放一只大圆圈的藤圈，真像个大灯笼。在同时工作的职演员，个个对她的怪装笑个不止。"

张爱玲在《对照记》里提到她在战后香港买了块广东土布，在深紫及碧绿的底色上，套印着刺目的玫瑰红及粉红花朵加上嫩黄绿的叶子。那种花色在乡下成人也羞于穿着，只是给婴儿用的。张爱玲却像宝贝似的带回上海来，她说她"自以为保存劫后的民间艺术，仿佛穿着博物院的名画到处走，遍体森森然飘飘欲仙，完全不管别人的观感"。

从人通常的穿衣心理来说，穿件自己觉得漂亮的衣裳走在外面，是以为或希望路人看了也同样觉得漂亮的，少有明知将遭人侧目、仍刻意为之的。张爱玲"完全不管别人的观感"的心理已非常态，或即如潘柳黛所说，是另有用意。

张爱玲在《自己的文章》中写道："大红大绿的配色，是一种强烈的对照。但它的刺激性还是大于启发性。苍凉之所以有更深长的回味，就因为它像葱绿配桃红，是一种参差的对照。"在写作上，张爱玲看重启发性，求回味，所以她取"参差"；生活中，她却正好相反，要求刺激，因为不如此不能给人留下深刻印象。

张爱玲曾说："对于不会说话的人，衣服是一种言语，随身携带着的一种袖珍戏剧。"美国专栏作家苏珊·布朗米勒在她的《女性特质》一书中有一句与此意思相近的话："戏院是建在衣架上的。"张爱玲是把着衣当作演戏来对待的，视觉的刺激形成了噱头，戏剧化效果由此而生。虽说"生活的戏剧化是不健康的"（张爱玲语），但病态也可以有戏剧化的美。

1943年，张爱玲把她的小说《倾城之恋》改编成同名话剧，在周剑云的大中剧团上演，柯灵时隔40年后回忆起由他介绍张爱玲与周剑云在一家餐厅见面的情景，对那天张爱玲的装束还记忆犹新："那时张爱玲已经成为上海的新闻人物，自己设计服装，表现出她惊世骇俗的勇气，那天穿的，就是一袭拟古式齐膝的夹袄，超级的宽身大袖，水红绸子，用特别宽的黑缎镶边，右襟下有一朵舒卷的云头——也许是如意。长袍短套，罩在旗袍外面。"周剑云在抗战前是明星影片公司三巨头之一，交际场上见多识广，那天态度竟有些拘谨，柯灵认为是被张爱玲显赫的名气与奇装"吓"的。其实是替她害羞，如苏青与潘柳黛做客张家受窘是一样的心理。

恋衣与识衣

张爱玲如此奇装炫人、惊人,她是理论先行的。

1942 夏,张爱玲因太平洋战争中断香港大学学业,回到上海;秋天入圣约翰大学不久又辍学,遂以笔谋生。最初自然地选择了她最熟悉、最喜爱、最有感想的电影与服装为写作题材,她在《泰晤士报》上写影评,1943 年 1 月,她在德国人办的英文期刊《二十世纪》上发表了《中国人的生活与时尚》一文,后来她又以中文写了同旨不同文的《更衣记》,发表在《古今》半月刊上。

将《中国人的生活与时尚》与《更衣记》对比,包括逐字逐句的对比,是件很有意思的事情,不仅可以看出张爱玲中英文俱佳的文学素养,看出她观察与认识事物的才气,看出她在分别针对中国人与外国人时不同的思维与表述方式中显出的灵巧;由两篇文章面世相距一年,可以看出她思想与观点的变化;两篇文字还有章节的差异,可以猜度她的用意。

中文里的"水红",英文她用 liquid red 来表述。"水"她用 liquid,而不用 water。water 的意思较为单一,而 liquid 是指包括水在内的清澈的、透明的、明亮的液体。细思中文"水红"的含义,不一定是"红色的水",而是带有水的某些特征,诸如清澈透明的红色,当然 liquid 更恰当。在这些看似细枝末节处,最能表现张爱玲的语言水平,至少证明两点:对于中文的"水红",她深解其意;对于英文,她有词语辨析的功力。

中文里有些看似比较"虚"的词句,张爱玲则化花哨为平实,比如"云肩背心",她就英译为:"云状肩的无袖夹克"。英文中有些比较"坐实"的,她就运用中文特有的寓意功能加以虚化、诗化、中国化,比如形容中国女子因为穿着紧身背心,所以外面的衣服再瘦小,身体的原本曲线也显不出来,她在英文里只是说这时女子身体的存在就像是一个"抽象的概念",而《更衣记》里的形容则是:"像一缕诗魂。"再如《中国人的生活与时尚》与《更衣记》形式上的不同之一便是分章节加了小标题,其中一节叫《不幸的少女》,该节中也有此句,《更衣记》里则称之为"薄命的人"。她也会为了简洁而灵变,比如《更衣记》里的"元宝领",原意为形状像元宝一样的衣领,一般人译起来可能会犯难,因为"元宝"为中国所特有,英语中找不到对应的词语,通常只能在译句里作解释性的翻译,结果不可避免地陷入繁琐。张爱玲简单地译为"银锭衣领",非常巧妙地化解了这个棘手的问题。"银锭"的标准形状就是"元宝",读者会轻易地由前者联想到后者,恐怕没有什么能比这种"形象的联想"更好的方式了。

就像一个中餐西餐都精通的中国厨师,国人来了做中餐,西人来了做西餐,张爱玲是面对不同的读者说不同的话。写到清朝对着装的管束,《更衣记》直接说:"在满清三百年的统治下,女人竟没有什么时装可言!"对英文读者则循循诱道:"想想看,如是维多利亚女王的统治有三百年之久会怎样。"写到服装上过多过繁的装饰,《中国人的生活与时尚》里写的是:"古中国的时装设计家的最大问题是不知道简洁的重要,一个女人到底不是一座哥特式的教堂。"《更衣记》则改为:"一个女人到底不是大观园。"

"哥特"是 Gothic 的音译，最初的意思是"中世纪的、非古典的"，因其最早出现在日耳曼人的一个部落的语言中，所以它被外人使用时，就用来指代日耳曼人。又因日耳曼人参与了覆灭古罗马帝国而被正统的人视为不道，因此"哥特"又含有了贬意，而变成了"粗野、野蛮"的同义词。公元 12 世纪前后，一种以"尖"为特点的教堂建筑式样开始取代古罗马教堂以"圆"为特点的建筑式样。15 世纪伴随着文艺复兴思潮，建筑上提倡复兴古罗马艺术形式，将当年取代古罗马建筑式样的建筑斥之为哥特式建筑。

在文艺复兴运动中，哥特式建筑被人指斥是因为它象征着神权至上，哥特式建筑艺术本身不仅是无辜的，而且因它风格的独特，在世界建筑史上占有重要一席。哥特式建筑追求参差变化，造型复杂、精巧，视觉上以精美与细致著称，装饰繁琐细密，这一切却又和谐地统一为一个整体。这也正是它与"大观园"在概念上可以互换的原因。

另外像《中国人的生活与时尚》里的形容："拜占庭式的简洁①，前拉斐尔式的超凡脱俗"等，在《更衣记》里则干脆取消了。与此对应，中文中另有些有特定含义的词句原本没有相应的英文可以对译，硬译不但会使文采或趣味流失，而且颇费口舌，比如《更衣记》中的"男降女不降""三绺梳头，两截穿衣"等，在《中国人的生活与时尚》中均未曾出现。

像这样两篇文章中此有彼无、此无彼有的词句段落还有一些。《中国人的生活与时尚》中的《庄重而沉闷的发式》《变化和困惑》《帽子和中

---

① 拜占庭艺术是公元 4—15 世纪拜占庭帝国（东罗马帝国）与基督教会相结合的官方艺术，其风格特点为罗马晚期艺术形式与以小亚细亚、叙利亚、埃及为中心的东方艺术形式的结合，体现浓厚的东方色彩。其建筑构造式样相对简洁。

庸》三节，《更衣记》都不曾收入。最直接的原因是两篇文章内容本有差异，单看题名也一目了然：英文写的是"生活"和"时尚"，中文则缩小了范围，变成只谈衣服。显然张爱玲对此是用心为之，因为"三节"以外涉及发式等服装以外的零言碎句都去掉了。至于张爱玲为何要缩小范围，应是她考虑国人与外国人阅读兴趣的差异的结果。后者的兴趣点在于了解由中国人穿衣打扮所表现出的生活状况、生活态度以及民族文化，而对同胞，因为"生活在此处"，生活中的许许多多彼此都心领神会，自不必赘言，于是行文便求精致、求纯粹。但以张爱玲的性格，也不排除这种可能，即她太中意"更衣记"这个篇名了，不愿为迁就内容而换以平庸之名，她舍不得。

《更衣记》里谈男装的一大段是新增加的，为《中国人的生活与时尚》所无。张爱玲写到男子着装的古板与受限时有句话："单凭这一件不自由，我就不愿意做一个男子。"从这里我们可以找到她 20 世纪 50 年代离开大陆的原因。之前她参加上海"文代会"，放眼尽是列宁装，她不会不强烈地感觉到，又一个"没有时装可言"的时代到来了，而一旦失却了红装的恣肆，她是会窒息的。

受许地山影响

细究《中国人的生活与时尚》文本，可以发现其中不乏许地山旧作《近三百年来底中国女装》的吉光片羽；连张爱玲所绘十多幅插图，也与许文配图形式相仿。虽然当年《近三百年来底中国女装》发表时，张爱玲还是上海圣玛利亚女校的一名中学生。

许地山在燕京大学任副教授多年，后因与燕大教务长司徒雷登等人不合，而不被校方续聘，最终在胡适的引荐下，接受香港大学汉文学院教授的聘书，随即主持该院工作。他将汉文学院改为中文系，将课程设置分为文学、史学、哲学三组：文学课有诗文、词曲、小说、文学史及文学批评；史学课有朝代兴革以及政治史、文化史、宗教史；哲学课则包括中国古典经书中涉及哲学的部分，加上九流十家、道教佛教以及印度哲学。从他的新课程设置来看，大部分他都可以胜任。

就在这一年，张爱玲以远东区第一名的成绩考取伦敦大学，可因当时英国正忙着与法国联合起来向德国开战，暂停接受留学生，而转由它的殖民地香港代为接受。就这样张爱玲由上海来到香港，入香港大学就读，做了许地山的学生。

许地山是我国第一个新文学社团"文学研究会"的十二个发起人之一，在张爱玲出生的第二年便发表了短篇小说处女作《命命鸟》而引人瞩目。同年他又接连发表数篇小说，成为新文学初期颇有影响的作家。其后他连年写作不辍，计有小说、散文、诗歌、剧作、文艺评论及史传等。虽然到张爱玲入校时，许地山的文学创作已经很少，但他一生中最重要的作品几乎都已发表，足以令酷爱文学的张爱玲仰慕了。何况有创作经验的许地山，上起文学课来，当然要比一般无此经历的教师更有切身体会。此外还有他的丰富有趣的经历，比如在印度的所见所闻，课堂上说起来一定是非常引人入胜的。

张爱玲进入香港大学后，写了一篇《我的天才梦》，应征上海《西风》杂志创刊三周年纪念征文赛并获得荣誉奖，这篇后来成为张爱玲散文中名篇的作品的写作与投稿不知曾否受到过许地山的鼓励，但其中所显现出的文才与文采，也几乎可以表明这"文学学生"不可能不受到那"作家先生"的影响。而1941年8月许地山的突然病逝，又会使这"影响"变成一种刺激。

许地山的《近三百年来底中国女装》在天津《大公报·艺术周刊》上连载时，张爱玲未必见到过。但许地山对中国服装的变迁情有独钟，而且兴趣多年不减。早在张爱玲出生的那一年就在《新社会》杂志第8号上发表了《女子底服饰》一文；十年后他收集了不少古画的影印本和照片，制作了许多卡片，打算编一部《中国服装史》；五年后又有《近三百年来底中国女装》见诸报端，也可使人对未曾面世的《中国服装史》一窥豹斑。如此深入的研究与长久不衰的兴趣，不可能不用于授课，或于授课中流露，而于所开设的文化史也正合用。事实上，有材料说，许地山在港大曾以英语讲授《中国服饰史》；另据《星岛日报》报道，1939年11月（正是张爱玲入学港大不久）10日，许地山在中英文化协会发表题为《三百年来中国妇女服装》的演讲。

《中国人的生活与时尚》刊出之后数月，张爱玲接连发表了两篇小说，第二篇名叫《茉莉香片》，它的主题被认为是"寻找父亲"。而这"父亲"就有几分许地山的影子。

许地山早年受他笃信佛教的母亲的影响，后来成了一位基督徒；他曾留学美国、英国研究宗教史，归国途中又留印度研究梵文和佛学，成为一名宗教学者。在他一些文学作品中，也弥漫着浓厚的宗教气息。1944年夏秋，张爱玲在《天地》月刊上发表《中国人的宗教》一文，笔走之处，涉及佛教、道教、天主教、基督教等，几乎所有的知识点都在"许氏辞典"之内，可见其师承。

许地山诙谐，在印度发现过很多有趣的事情。张爱玲与炎樱写了许多印度人的事情，看似源于朋友炎樱，也难保不是源于许地山上课时说的故事。

俗话说"留心处处皆学问"，张爱玲甚至从童谣与文学作品中获取着装知识。她在《私语》里回忆她小时候，夏天中午穿着白地小红桃子纱短衫、红裤子，坐在板凳上，喝完六一散，唱谜语书，又读儿歌选。在她读的儿歌里，有一首就是讲穿衣颜色搭配的："红配绿，看不足；红配紫，一泡屎。"与此相映证，她留心到《金瓶梅》里宋蕙莲的衣裙先是"屎配"：大红袄下是紫裙子，西门庆看着不顺眼，开箱找了一匹蓝绸给她做裙子。

张恨水是张爱玲喜爱的作家，她也注意到他的小说中人物的着装："他喜欢一个女人清清爽爽穿件蓝布罩衫，于罩衫下微微露出红绸旗袍，天真老实之中带点诱惑性"。对于这一般人心目中的理想审美，张爱玲却不取，她说："我没有资格进他的小说，也没有这志愿。"

张爱玲在《更衣记》的开头写道："一年一度六月里晒衣裳,该是一件辉煌热闹的事吧。你在竹竿与竹竿之间走过,两边拦着绫罗绸缎的墙——那是埋在地底下的古代宫室里发掘出来的甬道。"可以想见,晒衣裳的日子正是她张爱玲的节日。她接着写道:"你把额角贴在织金的花绣上。太阳在这边的时候,将金线晒得滚烫,然而现在已经冷了。"张爱玲陶醉于衣裳的样子,宛在眼前。

第七章

生命的碎壳

摄影篇

照片这东西不过是生命的碎壳;纷纷的岁月已过去,瓜子仁一粒粒咽了下去,滋味各人自己知道,留给大家看的惟有那满地狼藉的黑白的瓜子壳。

——张爱玲《连环套》

弄姿

张爱玲并非天生丽质,见过张爱玲的人都这么说。对她的容貌,还是胡兰成的描述最详细,那是他与她初次相见:

> ……我连不以为她是美的,竟是并不喜欢她,还只怕伤害她。美是个观念,必定如何如何,连对于美的喜欢亦有定型的感情,必定如何如何,张爱玲却把我的这些全打翻了。我常时以为很懂得了甚么叫做惊艳,遇到真事,却艳亦不是那艳法,惊亦不是那惊法。

胡兰成固然会说话,会说得让不好看的人听了心中也满是欢喜,可是尽管他绕来绕去,仿佛在镜头与人物之间遮了一层纱网,似乎朦胧得美了,可是于人的本来面目并无改善。

当然看一个人的面目最真切的无过于他的兄弟姐妹,张爱玲的弟弟对姐姐的长相只4个字,就足已说明问题了:"眼睛细小。"对于自己的长相,其实张爱玲是有自知之明的,而且并不讳言,她在《童言无忌·弟弟》一文中就直言道:"我弟弟生得很美而我一点也不。"

可见张爱玲的长相的确不漂亮,但从相片上看,又觉得她是美的,原因就在于表情与姿势,这是张爱玲"会照相"的缘故。

张爱玲对弟弟说,如果一个人没有长处,就一定要以奇特来吸引人。张爱玲喜欢弄姿作态，讲究仪态的母亲曾专门教她练习行走的姿势，甚至照镜子研究面部的神态。看她的那些相片，可知她很会"摆拍"：若是站姿，头部一定不正；若是坐姿，则双肩必有前后。身体总是扭曲着，且与头部的方向相悖，脖子永远僵着，眼睛从不正视，若非垂然向下，眸子将飞向一边。有一张座谈会后的七人合影，其中有当红影星、伪报社的社长、张爱玲的姑姑及女伴等，众人都站着，唯独张爱玲坐着，而且站着的人包括影星李香兰，姿势都很自然，而张爱玲坐在那里，表演的痕迹很重，与站在她后面的人形成强烈的反差。

胡兰成在《今生今世》里写道，抗战晚期的一个夏天的傍晚，他与张爱玲在她家里的阳台上说了会儿话，张爱玲进房里给他倒茶。当她拿茶出来走到门边，他迎上去接茶，张爱玲腰身一侧，喜气洋洋地看着他的脸，眼睛里都是笑。胡兰成说："啊，你这一下姿势真是艳！"

张爱玲是深谙姿势的，而且她还不比一般模特，后者造型多是出于经验，而张爱玲是会"画画子"的，故而在经验之外，更有理论上的认识与艺术上的研究。有人说她奇装炫人，其实她也是奇姿炫人的。她曾说："对于不会说话的人，衣服是一种言语，随身携带着的一种袖珍戏剧。"姿势于她更是一种言语，长在身上的一台戏剧。有回胡兰成要形容她的站行坐卧，一时找不到恰当的词汇，她便借《金瓶梅》里对孟玉楼的描写来概括自己："行走时香风细细，坐下时淹然百媚。"她对自己的动作有如此明确的自觉，对摄影当然更有独特的见解。

对照人生

在张爱玲去世的几年前,台湾皇冠出版公司开始陆续出版《张爱玲全集》,1994 年 6 月出了第 15 集,书名叫《对照记——看老照相簿》。内容主要是张爱玲及其亲友的相片,共 50 余帧。每帧都附有她写的注释,有的仅三两句话,点一下;有的发挥则个,成了小品文。笔调是平实中偶带调侃。其中谈其祖父母的文字占的比重很大,她在《后记》中交代说是故意的。更令人注意的是她不同寻常的口吻,她说:"我爱他们。"张爱玲自小生长在一个少爱的家庭,长大后自然罕有拳拳儿女心,很有些天道无情的样子,可是此时却直言"我爱……"委实有些反常,也许是由反常转入正常。

张爱玲在她的长篇小说《连环套》中有一个比喻:"照片这东西不过是生命的碎壳;纷纷的岁月已过去,瓜子仁一粒粒咽了下去,滋味各人自己知道,留给大家看的惟有那满地狼藉的黑白的瓜子壳。"

这可以用来解释张爱玲在生命的最后,为什么要那么精心地编一本相片集出版。由张爱玲不同时期的仪容姿态固然可以窥见她生命周期的变化;她对收入影集中的相片的选择,所提供的又何尝不是一幅她的心电图?她是用相片为自己编年表。

《对照记》中张爱玲的相片,最前的 7 帧,是处于幼童期的。她的表情,笑着的只有两帧,而单纯地笑着的,只能算有一帧,因为张爱玲说她的另一帧"面色仿佛有点来意不善";其余的5帧的脸,不是苦着,就是绷着。几种表情的比例,与她童年家庭生活的幸福状况正好吻合:大多时候是不幸的,但有短期的快乐时光。

接下来的两帧是张爱玲的中学时代,直发,素面,灰旧的长袍;香港大学时摄的一帧,继母的旧衣服已经换作了鲜艳的花衣裳,头发也留长了,在左耳的上方,颇为夸张地做了一个大发卷,但表情还未脱木然。张爱玲真正显露"风情"的相片开始于她自香港辍学回沪之后。

张爱玲在香港大学有位很要好的同学炎樱活泼热情开朗爱玩花样,两人回到上海后来往密切。炎樱照相很喜欢摆姿势,张爱玲在《对照记》里记道:"炎樱想拍张性感的照片,迟疑地把肩上的衣服拉下点。上海摄影师用不很通顺的英文笑问:'Shame,eh?'"张爱玲免不了受她影响。炎樱又有架小照相机,自然成了张爱玲练习各种姿势和表情的工具。就在那个时期的一张相片里,张爱玲"瞄法瞄法"抛媚眼的表情第一次出现了。那正是张爱玲初登文坛、造物主开始向她微笑的时期。张爱玲在《"卷首玉照"及其他》里提到过这张相片。

那是张爱玲在她的散文集《流言》出版时,在书里放了3张自己的相片,虽然她觉得在以文字取胜的书里夹图片"不大上品",但终究忍不住。

> 《流言》里那张大一点的照片,是今年夏天拍的。獏黛在旁边导演,说:"现在要一张有维多利亚时代的空气的,头发当中挑,蓬蓬地披下来,露出肩膀,但还是很守旧的,不要笑,要笑笑在眼睛

里。"她又同摄影师商酌:"太多的骨头?"我说:"不要紧,至少是我的。"拍出来,与她所计划的很不同,因为不会做媚眼,眼睛里倒有点自负、负气的样子。

相片在随书印刷的过程中,张爱玲十分讲究,与印刷厂有许多交涉,后来她写了《"卷首玉照"及其他》,专记其事。先是印刷工人觉得相片不清楚,擅自将相片描过了,张爱玲不乐意,她宁愿相片不清楚也不要描。她还向厂方提出几项要求:要有影子,脸要黑,眉与眼要淡等等。

张爱玲对这张相片显然十分偏爱,否则她不会在《流言》出版半个世纪后,又将它收入《对照记》中。也许原因很简单,就是她对《流言》中的印刷效果一直不能释怀,想借助现代印刷技术使自己心里舒坦。

在《对照记》中,张爱玲对这张相片没有个别加注;《流言》中的3张相片,每张旁边都写了一排小字,两张小些的相片分别写着:"有一天我们的文明,不论是升华还是浮华,都要成为过去"。这句话引自张爱玲《〈传奇〉再版的话》中著名的一段:"个人即使等得及,时代是仓促的,已经在破坏中,还有更大的破坏要来。有一天我们的文明,不论是升华还是浮华,都要成为过去。如果我最常用的字是'荒凉',那是因为思想背景里有这惘惘的威胁。"排在这两张相片后面的那张大些的相片,旁边也有一排小字,却没有接着引用这段话,写的却是:"然而现在还是清如水明如镜的秋天,我应当是快乐的。"

之后张爱玲有一张 1943 年间与李香兰合影的相片,极有意味。当时因为张爱玲个子太高而李香兰较矮,所以让张爱玲坐着而使李香兰站着,这倒没什么。问题在于张爱玲不好好坐,只占据了椅面对角的一半,而头向左,肩向右,胯向左,腿向右,脚又向左,亦即从头到脚折了5道弯,从姿势的丰富性不能说不美,但也不免使人看着别扭,因为在观感上会觉得她那样坐着一定很不舒服,并且仿佛随时有将椅子坐翻的危险。如果是她一人留影可能还好些,因为是合影,她那般自我,完全不顾合影者的存在,更没有与合影者形成互应。而李香兰作为以摆姿势为看家本领的影星,倒落落大方,姿势自然,甚至上身还微微有些前倾,俯就坐着的人的样子。再看她二人的面部表情,张爱玲脸上略有些讪然,眼睛垂然斜望地面;李香兰则坦然面对镜头,笑容虽然有点职业化,但到底对合影的人不失礼貌。这时的张爱玲在上海滩的名气已经很大,之所以本来内向的她敢于在公众的视线里如此"嚣张",都是名气造成的,是名气壮了她的胆。她自然是懂得一个人成了名,就可以较常人多一点随心所欲的道理,因为公众对名人怪异的行为总是当作特立独行来看待的。如她在《诗与胡说》中借用她姑姑说的一句话:"一个人出名到某一个程度,就有权利胡说八道。"有权利装腔,当然也有权利作势了。

1944年的一天,不随和的张爱玲居然愿意摆弄各种姿势,让慕名前来的两位业余摄影者为她照相,虽然他二人是托了人介绍的——想必那介绍人不是张爱玲的至亲,就是她的密友。显然所备摄影器材较为简陋,使得两帧相片都用光不足,并且在背景墙上留下了浓重的阴影,也使得其中一帧张爱玲穿着的清装大袄因皱褶愈显其旧,而华美尽失,简直就像是难民穿的衣服,配以人物黯黑的脸色,使人不禁要给这张相片取名为"苦难",倒与"寒噤的黎明"①的社会背景相合;另一帧由张爱玲的姿

①
张爱玲语,见《烬余录》。

势姑可名以"顾影自怜"。

1944年可以说是张爱玲的"称心如意"年，她在这一年里，几乎样样遂愿：写作上，小说集《传奇》、散文集《流言》先后出版，确立了她在文坛上的地位；试编了一出话剧，也获得了巨大成功；婚姻上，爱情找上门来，并且就是"于千万年之中，时间的无涯的荒野里，没有早一步，也没有晚一步，刚巧赶上了"的那一位，自然"没有别的话可说，惟有……"① 嫁给他了。

这些都堪称奇迹。在那样的"急景凋年"②里，在"时代崩坏"的颓势中，在"谁都有那种清晨四点钟的难挨的感觉"③时，独独她还能被造物主忙中偷闲般地照顾一回，换了谁怕也不免这样——一个人想想都不禁要抿嘴而乐的吧？而因为幸福感太重，又不免要生出"优裕的感伤"④来——就像她抱着自己的臂膀的姿势，仿佛在对自己"揣一揣肥瘠"，自我怜香惜玉起来。

1945年张爱玲的运气与1944年正相反，首先是她托付终身的那位，却不能承受她的爱情之重而移情别恋了，继而随着抗战胜利的到来获罪潜逃，而她则不得不单独面对"与汉奸沆瀣一气"的舆论指责，文学创作随之中断。这一年的上半年，她发表的创作与译作也有十来篇，参加的社会活动也不止一次，想必应有相片留存，但在《对照记》里，1945年是空白。

1946年，一切都在继续着1945年。2月里，张爱玲以才子佳人的情迷

---

① 张爱玲语，见《爱》。

② 张爱玲语，见《对照记》。

③ 张爱玲语，见《烬余录》。

④ 张爱玲语，见《私语》。

近痴,以小说家的冒险精神,擅自前往胡兰成的潜伏地探望,结果再一次被伤了心,哭着回来了;面对众人对她不知民族意识、是非观念的种种指责,她写了《有几句话同读者说》作为回答。8月由炎樱给她在家里照了一张全身相,取仰视,站在阳台顶上或家里的桌子上。她脸上有笑,似乎未在众人的唾沫海里呛水;她双手掐腰,仿佛表示着不妥协;她斜眼望向高远,颇有睥睨一切的味道。

1949年后不久张爱玲拍的一张证件照,近乎于洗尽铅华,给人以返璞归真的感觉,脸上甚至重现了学生的乖顺与羞涩,与中华人民共和国成立初期的政治环境颇为相合。

张爱玲的另一张证件照,是为办理出境拍摄的。她将离开于她气候不大适应的大陆,奔向于她有着亲切回忆的香港,心情可想而知,所以她的眼神聚焦在远方;因对未来的憧憬,脸上有一种意气风发的神韵,连一侧的头发似乎都因此而飘扬起来了。

接下来的一张摄于1954年香港英皇道附近街角的一家"兰心照相馆",张爱玲的姿态可用"妖娆"二字概括。其实也不是"风格大变",而只是恢复原貌,如同花木兰战后解甲还乡"著我旧时裳",也好像胡兰成1950年一抵香港,立刻弃了那"张嘉仪",而用回原名。

可是年岁不饶人,张爱玲大概就是想暗示这一点,也可能是为后面老态初现的相片作视觉上的过渡,放了一张贵妇人打扮的侧面照:烫得很规整的头发,平整的绫罗绸缎质地的高领的黑衣,精心画过的眼影与刷过的剑一般的睫毛，硕大而闪亮的黑耳钉，上着浓重口红的矜持地闭着的双唇。形象十分经典，因经典而老气。

胡兰成在 50 年代

张爱玲在《对照记》中，对她抵达美国的最初五六年间的经历，诸如与胡适的结识与交往，与美国老作家赖雅的恋爱与结婚等等全都省略了。1961 年秋，雄心勃勃的张爱玲为创作以张学良生平为素材的小说《少帅》，兴致勃勃地赴台湾访问，可是她也如胡兰成的"政治的事亦像桃花运的胡涂"，错估了台湾政治的严苛，采访张学良的要求被当局拒绝；在台湾逗留时又接到丈夫中风的电话，原应当即回美国，可转念家无隔夜粮，回去也将坐拥愁城，于是毅然决定转赴香港继续为电影懋业公司创作剧本，带了稿酬回家。照此说来，1961 年在张爱玲的记忆里该是个不愉快的年份，可是她却选了一张开心地笑着的相片——她在家里的一个墙角下侧目露齿笑着，上方悬挂着一个弥勒佛般笑容可掬的日本传统戏剧能剧的面具。

这张相片并非那年唯一的一张，至少张爱玲在台湾期间就有留影，比如与王桢和及其母亲的合影。拍照时，张爱玲很郑重其事，化妆用了一个多小时。这张相片应是有意义的，因为这是张爱玲唯一的一次台湾之行，而她又那么难得地如此近地接触到了山地原住民，后来张爱玲又写了《重返边疆》一文，专记此行。

张爱玲观人察事的眼光一向与众不同，所以她不选在我们看来仿佛很有意义的访台相片，而选这一张处于家室的似乎无甚意思并且拍得也不好的相片，其用意虽然难被我们理解，但做法并不令人惊异。也许是她在潜意识里，想要忘掉那年不愉快以至惨痛的事情，只记住快乐的体验；也许是有意用她自己与面具的笑，作为对铁黑的真实生活的自嘲。

下一帧相片的"影里影外"也很有意思，那是张爱玲为到香港去拍的证件照。相片上的张爱玲侧身坐着——连拍正经的证件照都不正坐。她将脸粉成了日本戏台上角色的那种惨白，惺忪的双眼，蓬乱的头发，不整齐的双眉，嘴唇涂成了一只乌菱角，与脸面的反差犹如一匙深色的果酱掉在了洁白的餐巾上，整个人显得憔悴而苍老。

可是她眼角嘴边都是笑，可能是陪她同去的赖雅在一旁逗她。赖雅对这张照片十分满意，认为拍出了妻子的全部优点。相片的注释文字是："……摄影师是个英国老太太，曾经是滑稽歌舞团（vaudeville①）歌星，老了在三藩市开爿小照相馆。"可见张爱玲的兴趣点在哪里——她的兴趣从来都在与事情的主题"不相干"的方面，因为她觉得："人生的所谓'生趣'全在那些不相干的事。"② 由此我们略可了然张爱玲选此相片的原因。

① 歌舞杂耍。

② 张爱玲：《烬余录》。

《对照记》的最后两张相片都是由中年转入老年的形象，均不施脂粉，素面以对。细分的话，前一张可叫"回首人生"，后一张可叫"望断来时路"。虽然此后张爱玲又活了20多年，但显然此时就已在向读者向人生作告别了。

朝鲜领导人金日成逝世的消息见报后,张爱玲竟不避死人忌讳,手举登有"金日成昨猝逝"标题字样的《中国时报》留了一影,遂有了惊世骇俗之效。她对"传奇"的追求,令人叹为彻底。从照片上看,张爱玲实在是过于衰老了,她才74岁,可是鸡皮得实在厉害。此后她在这世上只逗留了一年零两个月,她将一个"苍凉的"姿势留在了谢幕的时候。